PETITS ET GRANDS

chaussons...

14 modèles à coudre

Anne Walterthum

CreaPassions.com

Du même auteur :

Abonnez-vous gratuitement à notre newsletter sur **creapassions.com** !

Téléchargez notre catalogue complet en scannant le QR code.

Suivez-nous sur Facebook et Instagram.

Édition : Emmanuelle Prot
Tél. : 06 14 19 44 21 / Email : eprot@creapassions.com
Graphisme / Couverture : Xavier Crauffon

Maquette : © **SOFRACECOP Prépresse**

© creapassions.com, 148 rue de l'Université, 75007 Paris

Des sociétés du groupe PUBLICATIONS

ISBN : 978-2-8141-0494-5

SOMMAIRE

INTRODUCTION

C'est enceinte de Kostja, mon fils, que j'ai décidé de me mettre à la couture et c'est pour lui que j'ai cousu mes premiers chaussons.

J'ai, alors, découvert le travail du cuir et de nombreuses paires de petits souliers ont suivi.

Avec les naissances de Masha et de Nikita, mes bébés d'hiver, j'ai eu envie de coudre des petites bottes fourrées et de travailler sur de nouveaux modèles, de dessiner de nouveaux motifs. Il ne restait plus ensuite qu'à adapter les petits nœuds que j'aime tant aux ballerines des plus grandes et à réfléchir à une collection de grands chaussons...

AVANT DE COMMENCER

Les patrons

Les patrons de ce livre comprennent une marge de couture de 0,5 cm. Cette marge est valable aussi bien pour la couture du cuir que pour celle du tissu.

• **Les pointures des chaussons :** certains modèles sont plus ajustés que d'autres, ce qui explique les différences de taille des semelles par exemple, les chaussons doublés sont taillés assez larges et sont adaptés aux pieds des plus petits comme des plus grands !
Les souliers pour les adultes sont déclinés du 36 au 43. Les pointures des chaussons pour enfants varient selon les modèles : en effet, certaines formes de souliers conviennent mieux aux plus petits, ainsi, si les « Petits cuirs » sont déclinés du 18 au 35, les pointures des autres modèles vont du 18 au 25. Les « Minuscules » sont de simples adaptations des modèles du livre et sont présentés en 2 tailles, pour petites (30 cm) et grandes poupées (40 cm).

• **Adapter la pointure des chaussons :** il arrive, surtout chez les enfants, qu'un pied soit très menu ou plutôt rond et qu'il faille ajuster le patron standard proposé dans mon livre.
Afin d'y parvenir et d'obtenir un chaussons adapté, il suffit souvent d'élargir ou de raccourcir la largeur de la partie avant du chausson. En règle générale, il est préférable de ne pas toucher à la semelle qui garantit la pointure dans sa longueur, mais en cas de doute, on peut poser le pied de l'enfant sur une feuille de papier et dessiner le contour, on ajoutera ensuite 2 cm à l'empreinte pour obtenir une semelle. Si ce patron ne trouve pas son jumeau dans les patrons des semelles du livre, il faudra alors adapter le dessus du chausson et le tour de pied, en travaillant la largeur (de 0,5 en 0,5 cm) et/ou la longueur pour obtenir un modèle papier adapté au pied de l'enfant et pouvoir coudre le modèle choisi.

La couture du cuir

Tous mes modèles sont cousus avec une machine à coudre standard, j'ai même commencé la couture du cuir avec une machine 1er prix, achetée chez un discounter. Il n'est donc pas nécessaire d'investir dans un modèle de machine à coudre très perfectionné pour parvenir à coudre les modèles de mon livre, bien au contraire, souvent les machines possédant de nombreuses options refusent les épaisseurs. Toutes les créations de ce livre sont réalisées dans des peaux ne dépassant pas 1,2 mm d'épaisseur.

Afin d'obtenir de jolies finitions, il est important de bien découper le cuir, en effet, plus ce dernier est coupé avec soin, plus les appliqués et les coutures intérieures seront jolis. Certaines machines nécessitent un pied Téflon qui permet de mieux faire glisser le cuir lors de l'assemblage, mais on peut aussi utiliser un peu de farine que l'on applique sur la peau avant de la coudre ou insérer un papier de soie entre le cuir et le pied de sa machine

Afin que les coutures soient régulières, j'allonge toujours mon point. Il suffit de faire quelques essais sur une chute pour rapidement déterminer la longueur idéale. J'utilise toujours des aiguilles cuir d'excellente qualité, une bonne aiguille, adaptée au matériel choisi, permet d'obtenir un travail soigné, empêche le fil de casser et facilite l'assemblage. Comme je l'explique dans les pages suivantes, je n'utilise pas de fil particulier, je choisis des fils de toutes les couleurs assorties au cuir que je couds ou rappelant les couleurs de la doublure ou de l'appliqué.

L'utilisation des modèles de mon livre est réservée à un usage personnel et non commercial, merci de ne pas utiliser mes dessins, mes idées sans mentionner l'auteur.

Le matériel

- **La MAC** : j'utilise une machine à coudre standard qui convient très bien à la couture du cuir, comme du tissu, la couture des souliers présentés dans ce livre nécessite essentiellement le point droit et le point zig-zag.
- **Le cuir** : le cuir choisi ne doit pas dépasser 1,2 mm d'épaisseur. Il ne doit pas être trop rigide, ni trop souple. Avant de découper une pièce de cuir, il convient d'en observer les différentes parties : les coins plus épais ou présentant de petits défauts, serviront pour les semelles (côté velours anti-dérapant), on gardera les parties les plus lisses pour le dessus des souliers… Il existe différentes façons de tanner le cuir. En Allemagne, certaines procédures sont interdites, ce qui permet d'obtenir des peaux de qualité.
- **Les tissus** : il est tout à fait possible de coudre les chaussons de mon livre dans du tissu ou du simili-cuir. Afin d'assurer une tenue aux souliers, il faudra simplement choisir des tissus un peu épais comme le jean, le velours, la laine bouillie ou matelasser un tissu plus fin avec de la ouatine. Certains modèles présentés dans le livre, sont doublés, à vous de choisir les tissus que vous aimez et d'assortir les couleurs et les motifs. Pour la plupart des modèles, de simples chutes de jolis coupons suffisent amplement.
- **Les aiguilles** : j'utilise toujours des aiguilles adaptées au matériel choisi, c'est la condition pour obtenir de jolies finitions et éviter de casser le fil ou de sauter des points. Pour le cuir, des aiguilles de très bonnes qualité sont indispensables et permettront à votre machine de coudre le cuir aussi facilement que du tissu.
- **Le fil** : si les aiguilles doivent être de qualité supérieure, un fil basique suffira pour la couture des modèles du livre, j'ai toujours dans ma boîte à bobines, tout un choix de coloris et si le fil principal est souvent de même couleur que le cuir, le fil de ma canette est presque toujours d'une couleur différente, assortie à la doublure choisie.

- **L'élastique** : pour plusieurs modèles du livre, j'utilise un morceau d'élastique. Je choisis en règle générale une bobine d'élastique standard de 5 mm de largeur.
- **L'épingle à nourrice** : de taille moyenne, elle me sert à passer l'élastique dans la coulisse afin de resserrer les souliers.
- **Les ciseaux** : j'en ai plusieurs paires, l'une pour découper les patrons, l'autre pour le tissu et la dernière pour le cuir. Il est important de ne pas couper différents matériaux avec la même paire de ciseaux car les lames s'émoussent rapidement.
- **Les patrons** : comme je couds beaucoup de souliers, j'ai fini par reproduire mes patrons sur des feuilles de plastique rigide, fin que l'on trouve dans les magasins de bricolage.
- **Les pinces en plastique** : comme le cuir ne peut pas être épinglé, elles permettent de faire tenir ensemble les différentes parties à assembler.
- **La colle à tissus** : j'en ai toujours un tube à portée de main, elle me permet par exemple de fixer un petit nœud ou d'assurer le maintien d'une pièce très petite avant la couture.
- **La pince à rivets** : elle me sert essentiellement à faire des trous pour fixer les pressions ou pour créer les yeux des personnages ou des animaux de mes motifs.
- **Les pressions** : pour fermer les brides de mes ballerines, j'utilise des boutons-pressions en métal ou des Kam Snap (boutons-pressions en résine disponibles dans tous les coloris et se fixant à l'aide d'une pince spéciale), mais vous pouvez aussi utiliser du ruban auto-agrippant.
- **Les lacets** : ils serviront à fermer les chaussons à lacets, vous pouvez en trouver de toutes les couleurs vendus au mètre dans les boutiques de tissu ou les découper vous-même dans des bandes de cuir.

LES CRÉATIONS

Pour les bébés et les enfants

LES PETITES BOTTES
à pressions
(du 18 au 25)

MATÉRIEL :

- 30 x 50 cm de cuir du 18 au 21, 40 x 60 cm du 22 au 25
- 30 x 50 cm de tissu assorti
- Environ 18 cm d'élastique
- 1 épingle à nourrice
- 4 ou 6 boutons-pression

COMMENT FAIRE ?

Découpez le cuir selon le patron, dans la pointure souhaitée. On obtient 2 morceaux pour la partie avant des petites bottes, 2 morceaux pour le tour et 2 semelles en vis-à-vis. Découpez ces mêmes morceaux dans la doublure sauf les semelles.

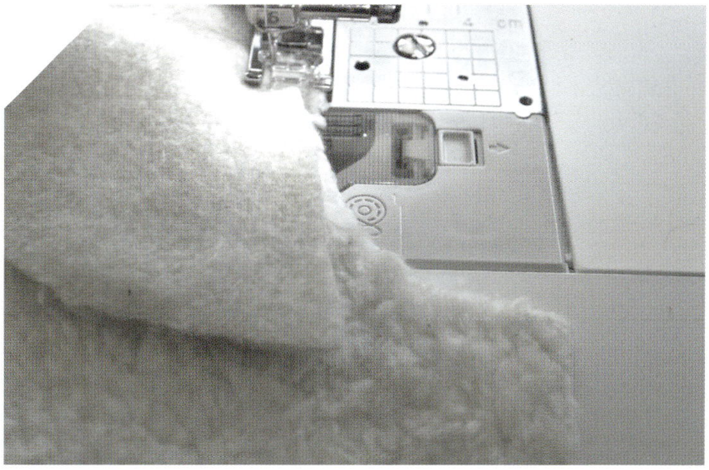

1 ▲

Assemblez sur l'envers du cuir l'avant de la botte et le tour à 5 mm du bord et procédez de la même façon pour la doublure.

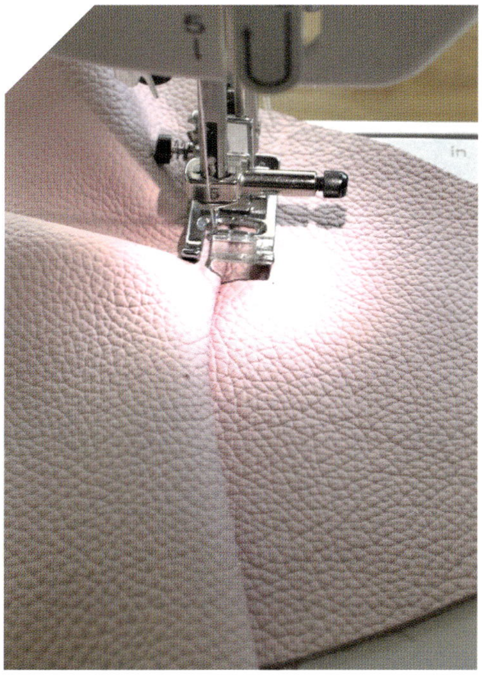

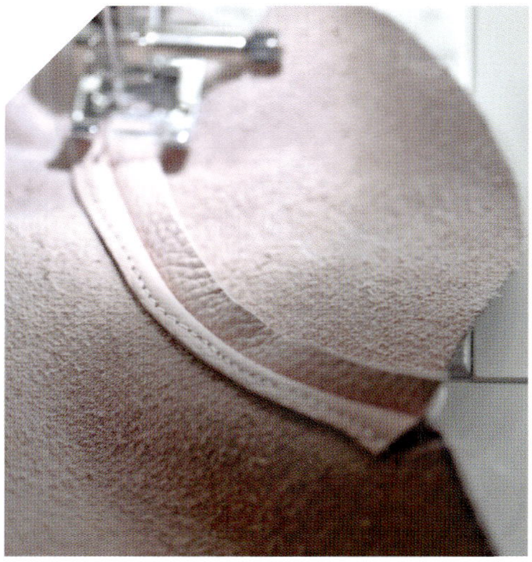

2 ▲

Facultatif : pour obtenir de jolies finitions, sur l'endroit, surpiquez à 2 mm de la couture ou sur l'envers ouvrez la couture et surpiquez de chaque côté à 2 mm de la couture centrale.

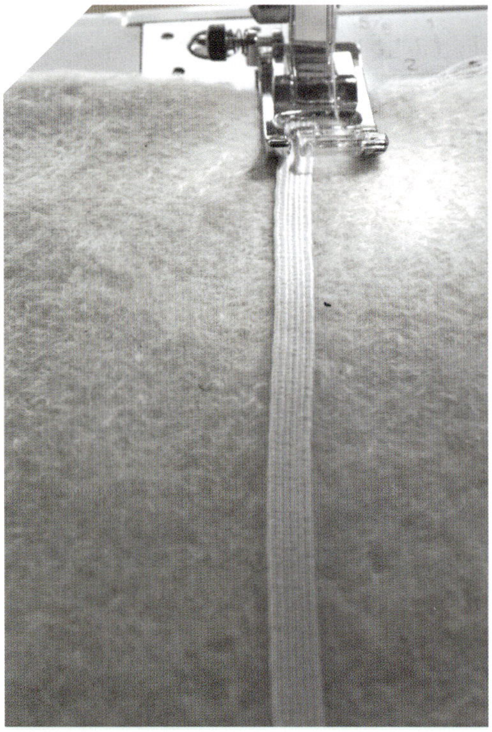

3 ▶

Sur l'envers de la doublure piquez l'élastique au point zigzag à l'endroit indiqué par le patron en tirant légèrement.

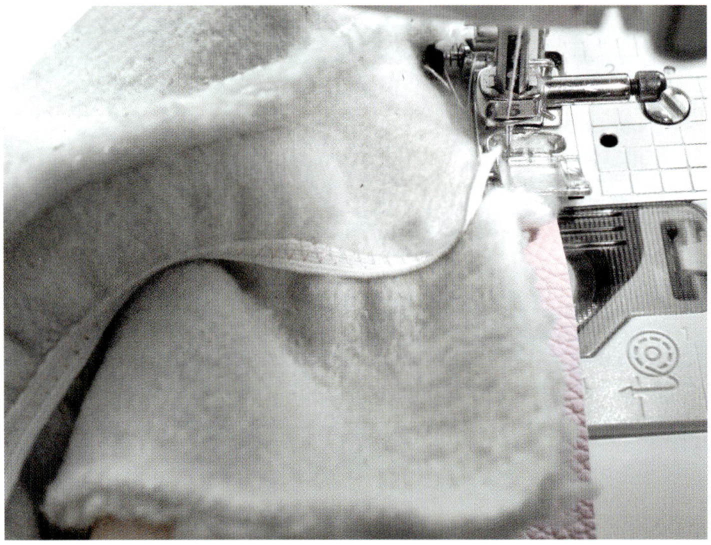

4 ▲

Assemblez les côtés et la partie haute de la botte cuir et doublure endroit contre endroit à 5 mm du bord, en laissant le bas ouvert.

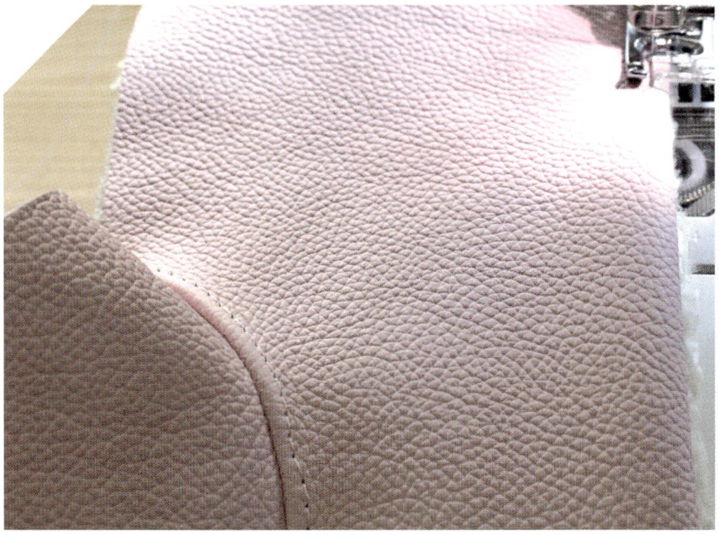

5 ▲

Retournez et surpiquez à 2 mm du bord.

6 ▶

Assemblez le dessus de la botte à la semelle en superposant les côtés (sur environ 1 cm) à 5 mm du bord. Renforcez la couture par un tour au point zigzag.

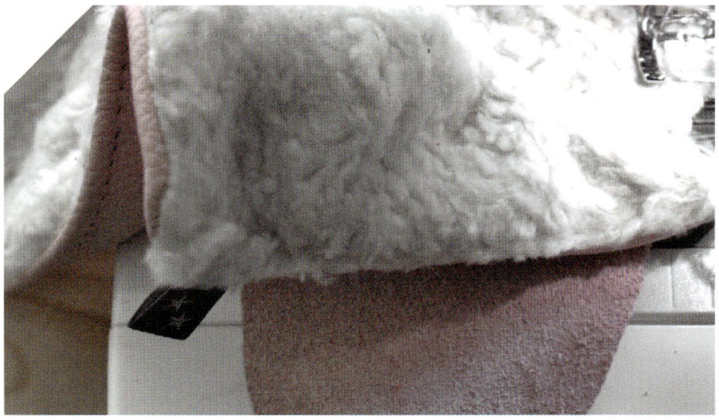

7 ▲

Retournez la botte sur l'endroit et posez les pressions : marquez au stylo la place des pressions et percez les trous afin de faciliter la pose.

LES BOTTINES

(du 18 au 25)

MATÉRIEL :

- 30 x 50 cm de cuir du 18 au 21,
  40 x 60 cm du 22 au 25
- 30 x 50 cm de fausse fourrure ou de polaire
- Environ 15 cm d'élastique
- 1 épingle à nourrice

COMMENT FAIRE ?

Découpez le cuir selon le patron, dans la pointure souhaitée. On obtient 4 morceaux pour la partie avant des petites bottes, 2 morceaux pour la partie arrière et 2 semelles en vis-à-vis. Découpez ces mêmes morceaux dans la doublure sauf les semelles.

1 ▲

Coupez 2 carrés de 2/2 cm, pliez-les et faites dans chacun d'eux deux incisions qui formeront une coulisse pour l'élastique. Assemblez le cuir de la partie avant des chaussons, endroit contre endroit à 5 mm du bord.

2 ▲

Facultatif : pour obtenir de jolies finitions, sur l'endroit, surpiquez à 2 mm de la couture ou sur l'envers ouvrez la couture et surpiquez de chaque côté à 2 mm de la couture centrale.

3 ▲

Assemblez la doublure de la partie avant, endroit contre endroit et piquez le carré avec les incisions au centre de la partie supérieure.

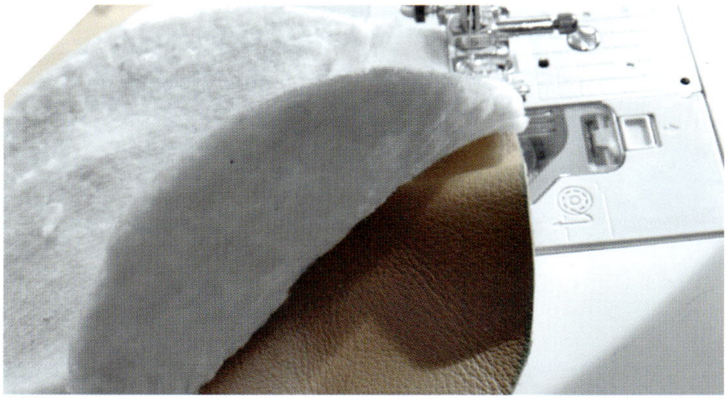

4 ◀

Assemblez, endroit contre endroit la doublure et le cuir de la partie avant sur le côté arrondi où se trouve le carré de cuir de la coulisse, à 5 mm du bord.

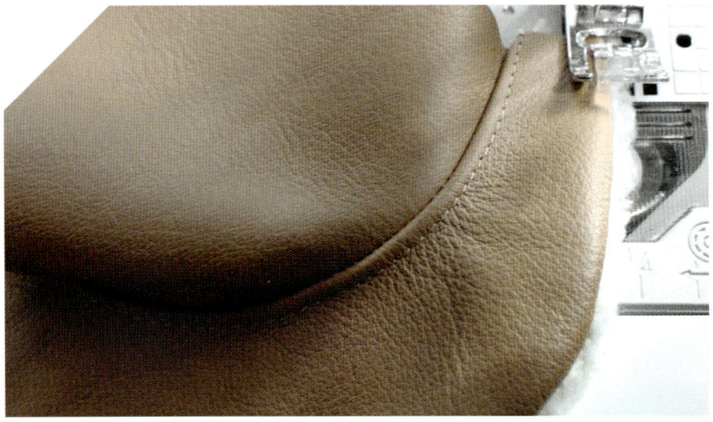

5 ▲

Retournez et surpiquez à 2 mm du bord.

6 ▲

Assemblez la partie arrière des bottes et la doublure, endroit contre endroit, selon le schéma indiqué sur le patron.

7 ▲

Retournez et surpiquez à 2 mm du bord.

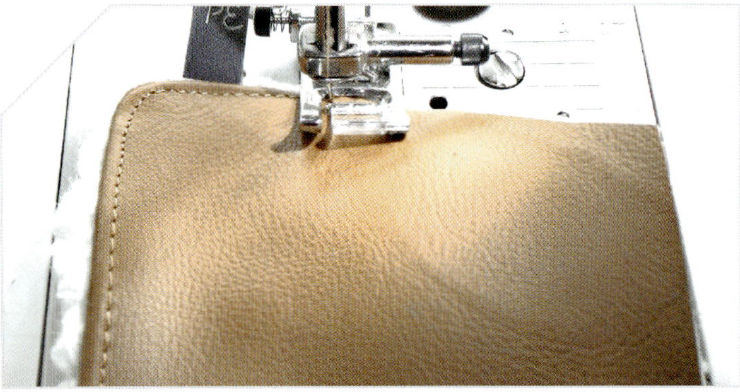

8 ▲

Pour créer la coulisse de l'élastique, faites 2 coutures (voir le patron) sur l'endroit de la partie arrière des chaussons.

9 ◂

Assemblez maintenant, à 5 mm du bord, l'avant des bottines à la semelle (endroit contre envers de la semelle) en commençant par le milieu de la partie avant : on coud d'abord un côté puis l'autre, afin d'obtenir un bel arrondi. Superposez la partie arrière à la partie avant sur environ 1 cm de chaque côté et piquez le tour de l'arrière de la bottine (la partie « coulisse » est en haut) à 5 mm du bord.

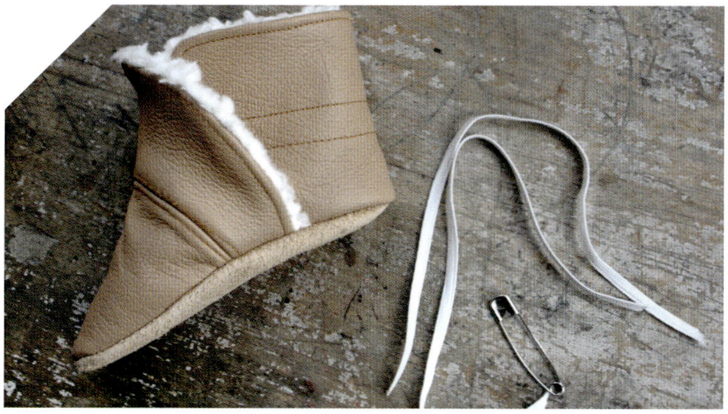

10 ▴

Renforcez le tour par une couture au point zigzag, puis retournez les bottines et passez l'élastique à l'aide de l'épingle à nourrice dans la coulisse et dans les incisions du petit carré à l'avant des bottines, ajustez à la taille souhaitée en tirant sur l'élastique et faites un nœud. Faites coulisser le nœud de l'élastique dans le tissu de la doublure afin qu'il ne se voit pas.

Astuce

On procède de la même manière pour coudre des bottines en tissu.
Il suffit simplement de choisir un joli coupon matelassé ou de renforcer, au préalable, un tissu plus fin en lui ajoutant, par exemple, une doublure de polaire ou de laine bouillie. Si pour les plus petits qui ne marchent pas encore, la semelle peut être découpée dans un tissu assorti à celui choisi pour les bottines, il sera préférable de choisir une semelle en cuir aux vertus antidérapantes pour les enfants commençant à marcher.

LES MOCASSINS

(du 18 au 25)

MATÉRIEL :

- 30 x 50 cm de cuir caramel retourné ou de daim
- 1 épingle à nourrice
- 1 lien en cuir d'environ 3 mm de large et 20 cm de long

COMMENT FAIRE ?

Découpez le cuir selon le patron, dans la pointure souhaitée et marquez les repères indiqués sur le patron.
On obtient 2 languettes, 2 morceaux pour le tour du mocassin et 2 semelles en vis-à-vis. Préparez la bande de franges en veillant à laisser 1,2 cm sur le haut de la bande non découpés (pour la coulisse). Préparez le lien en coupant une fine bande de cuir.

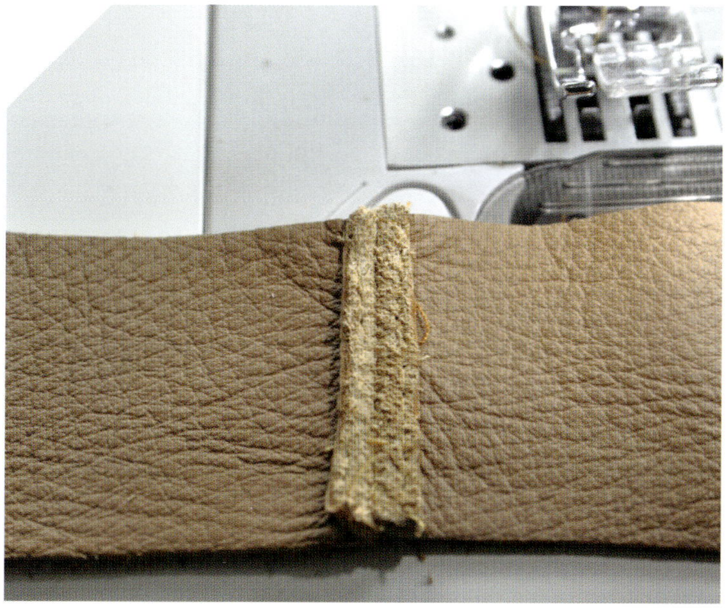

1 ▲

Assemblez la partie avant du mocassin endroit contre endroit à 5 mm du bord, ouvrez la couture et surpiquez sur l'envers de chaque côté à 2 mm de la couture centrale.

2 ▲

Assemblez au tour de pied la languette du mocassin sur l'endroit (les coutures seront visibles et doivent être très soignées) à 5 mm du bord.

3 ▲

Fermez par une couture à 5 mm du bord l'arrière du mocassin, endroit contre endroit,, ouvrez la couture et sur l'envers surpiquez de chaque côté à 2 mm de la couture centrale. En vous aidant des repères, assemblez maintenant le mocassin à sa semelle, à 5 mm du bord, sur l'endroit, de façon à ce que la couture soit visible.

4 ▲

Piquez la bande de franges sur le tour du mocassin à 2 mm du bord et faites une seconde couture parallèle pour former la coulisse à environ 1 cm de la première.

5 ▲

Il ne reste plus qu'à passer le lacet dans la coulisse à l'aide d'une épingle à nourrice, cette opération est parfois un peu difficile car le cuir glisse moins bien que le tissu et l'épingle peut avoir du mal à progresser.

Astuce

Vous pouvez choisir de jolies perles colorées pour les extrémités des lacets.

LES CHAUSSONS *à franges* (du 18 au 25)

MATÉRIEL :

- 1 coupon de cuir de 30 x 50 cm
- 25 cm d'élastique de 5 mm de large

COMMENT FAIRE ?

Découpez le cuir selon le patron, dans la pointure souhaitée et marquez les repères indiqués sur le patron.
On obtient 2 languettes, 2 morceaux pour le tour du mocassin et 2 semelles vis-à-vis. Préparez la bande de franges en veillant à laisser 1,2 cm sur le haut de la bande non découpés (pour la coulisse). Préparez le lien en coupant une fine bande de cuir.

1 ▲

Découpez le cuir selon le patron, dans la pointure souhaitée. Préparez les franges d'environ 5 mm de large et 1,5 à 2 cm de long pour le dessus du soulier et de 7 mm de large et 3 cm de long pour les franges de la cheville.

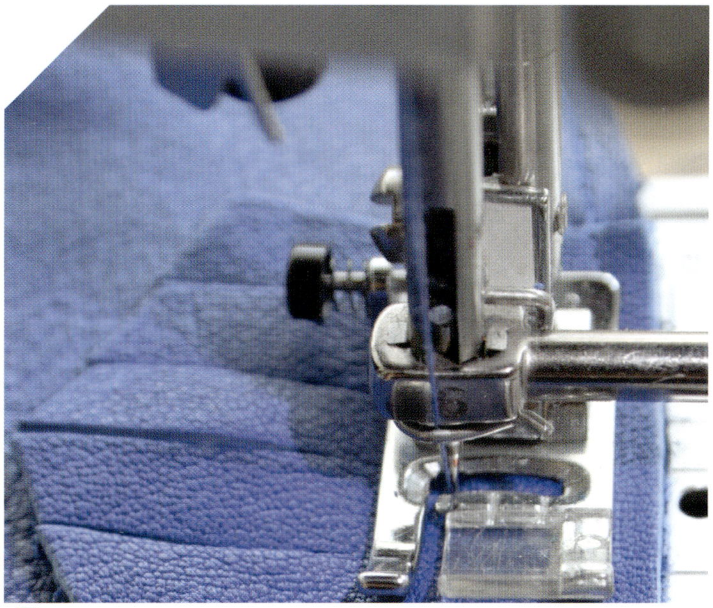

2 ▲

Sur l'endroit, piquez les franges sur la partie avant du mocassin à 2 mm du bord extérieur, faites une deuxième couture pour la coulisse de l'élastique à 1,2 cm de la première.

3 ▲

Piquez les franges de la cheville du mocassin, envers de la bande de cuir de la cheville contre endroit des franges, à 2 mm du bord.

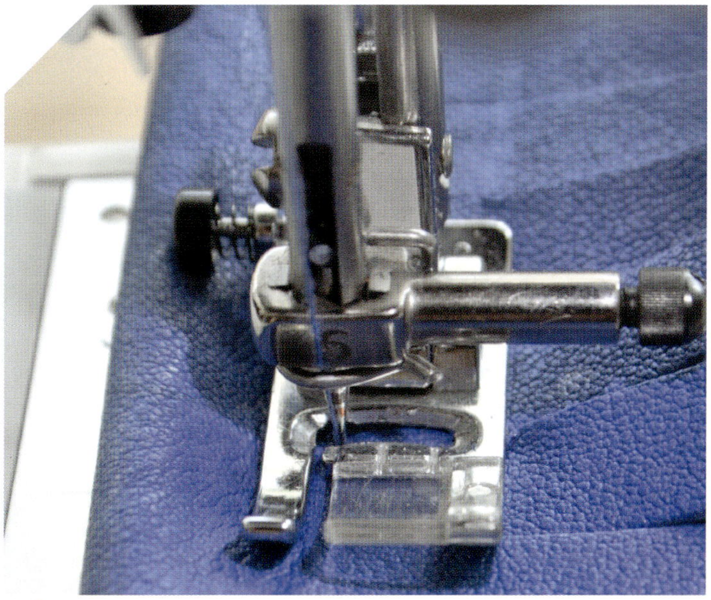

4 ▲

Retournez et faites la couture de la coulisse à 1,5 cm de la pliure.

5 ▲

Assemblez l'arrière du mocassin à la semelle, endroit de la semelle (partie velours du cuir antidérapante) contre endroit de la bande de franges, en repectant les repères indiqués sur le patron, à 5 mm du bord.

6 ▲

Superposez la partie avant du chausson (environ 1 cm de chaque côté) à la partie arrière et piquez le tour à 5 mm du bord. Renforcez les couture en surfilant le tour du chausson.

7 ▲

Retournez et à l'aide de l'épingle à nourrice, insérez l'élastique dans la coulisse et sous la partie avant du chausson.

8 ▲

Faites un nœud que vous rentrerez ensuite dans la coulisse.

LES CHAUSSONS
à lacets
(du 18 au 25)

MATÉRIEL :

- 30 x 50 cm de cuir
- 2 lacets de 45 cm

COMMENT FAIRE ?

Découpez soigneusement les différentes pièces des chaussons et marquez les repères indiqués sur le patron.

1 ▲

Facultatif : faites une piqûre décorative, sur l'endroit du cuir, à 2 mm du bord sur le haut de la bande arrière du chaussons et sur la partie avant du côté de la languette.

2 ▲

Piquez la bande arrière du chausson à la semelle, endroit du cuir contre envers de la semelle partie velours antidérapante), à 5 mm du bord, en prenant soin de faire se correspondre les repères indiqués sur le patron, piquez un côté puis l'autre.

Astuce

Vous pouvez doubler les chaussons d'un tissu de votre choix, il faudra alors ajouter 0,5 cm au patron de l'avant des chaussons, partie languette et à l'arrière des chaussons (tour de la cheville), les autres morceaux resteront inchangés, il faudra ensuite assembler cuir et tissu endroit contre endroit, retourner et surpiquer le côté avec la languette et le tour de chevilles, l'assemblage sera, ensuite, identique à celui des chaussons tout en cuir.
Les trous des lacets pourront être rentorcés par des oeillets.

3 ▲

Piquez maintenant la partie avant du chausson de la même manière, en faisant se correspondre les repères.

4 ▲

Surpiquez le tour au point zigzag afin de renforcer la couture. Retournez et avec une pince emporte-pièce faites les trous des lacets. Passez les lacets.

LES BALLERINES
(du 22 au 31)

MATÉRIEL :

- 1 coupon de cuir de 30 x 50 cm
- Des chutes de cuir pour les papillons
- 1 coupon de tissu de 30 x 30 cm pour la doublure
- 2 boutons-pression ou du ruban aggrippant

COMMENT FAIRE ?

1 ▲

Découpez le cuir selon le patron, dans la pointure souhaitée. On obtient 2 x le dessus du chausson, 2 brides et 2 semelles en vis-à-vis. Procédez de même pour la doublure (sauf les semelles et les brides).

2 ▲

Faites une piqûre décorative sur la bride à 2 mm du bord.

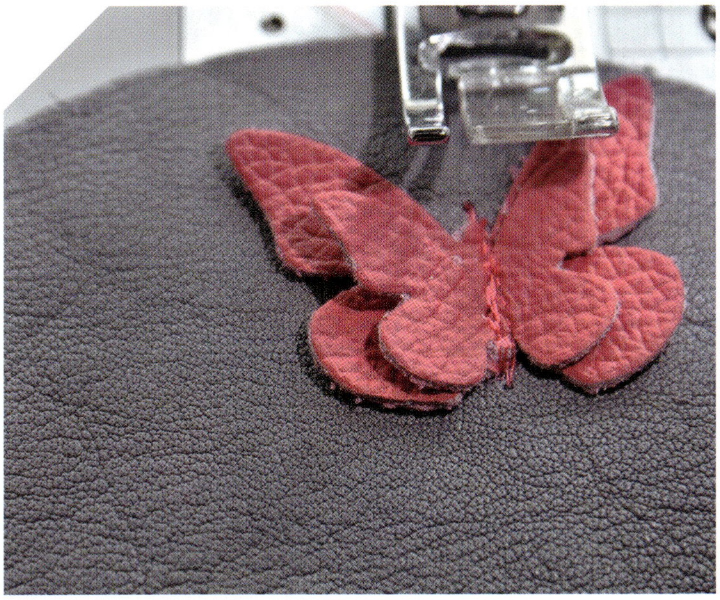

3 ▲

Après les avoir découpés, piquez, en les superposant, les 2 papillons sur l'avant des ballerines. En ne piquant que le corps des papillons, on donne l'impression qu'ils viennent tout juste de se poser sur l'avant des petits souliers, renforcez cette couture en faisant plusieurs aller-retours.

4 ▲

Assemblez, endroit contre endroit, le dessus des ballerines, cuir et doublure, à 5 mm du bord, en veillant à insérer la bride à l'endroit indiqué sur le patron.

5 ▲

Refermez la partie arrière, doublure et cuir, par une couture à 5 mm du bord.

6 ▲

Ouvrez cette couture et surpiquez de chaque côté à 2 mm du bord de la couture centrale, on obtient ainsi de jolies finitions.

Astuce

Si vous choisissez de coudre ce modèle en tissu, il faudra couper la bride 2 fois (1x dans le tissu et 1x dans la doublure, en ajoutant 0,5 cm de marge de couture supplémentaire), il suffira ensuite de coudre le tour de la bride, endroit contre endroit, en laissant le petit côté (celui qui n'est pas arrondi) ouvert pour pouvoir retourner la bride sur l'endroit, puis de surpiquer à 2 mm du bord.

• On peut, bien sûr, fermer les ballerines avec du ruban aggrippant qu'il faudra fixer dès le début de l'assemblage des ballerines.

• Il peut arriver que les ballerines soient terminées et que la bride en cuir s'avère trop longue, il suffit alors de la raccourcir (en prenant soin de reformer un arrondi), on ouvre ensuite quelques points de la piqûre décorative et l'on reprend celle-ci sur l'arrondi.

7 ▲

Retournez sur l'endroit et surpiquez à 2 mm du bord, le tour de la ballerine.

8 ▲

Assemblez le dessus de la ballerine à la semelle, endroit contre envers du cuir (partie velours), à 5 mm du bord, pour plus de solidité, surfilez le tour encore une fois.

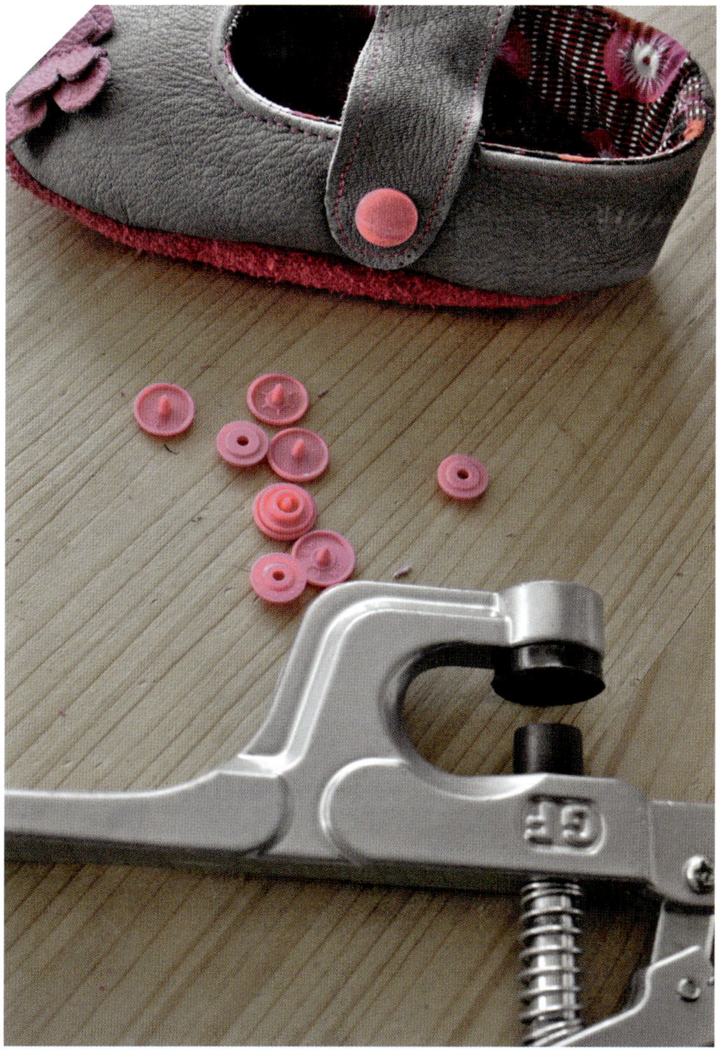

9 ▲

Retournez et fixez les boutons-pression.

LES PETITS CUIRS

(du 18 au 35)

MATÉRIEL :

- Un coupon de cuir (taille en fonction de la pointure souhaitée : 30 x 50 cm du 18 au 25, 40 x 50 cm du 26 au 35)
- Des chutes de cuir pour les appliqués
- 15 cm d'élastique
- Une épingle à nourrice

COMMENT FAIRE ?

Découpez le cuir selon le patron, dans la pointure souhaitée. On obtient 2 x dessus du chausson, 2 x l'arrière et 2 semelles vis-à-vis. Découpez dans le cuir les différentes parties du motif choisi, (plusieurs modèles d'appliqués dans la boîte à idées).

1 ▶

Faites les deux incisions qui formeront la coulisse en pliant le cuir en deux sur la largeur.

2 ▲

Piquez le motif choisi sur la partie avant des chaussons en commençant toujours l'appliqué par la partie du dessous. Par exemple si vous choisissez de coudre des fleurs, il faudra d'abord piquer les tiges et les feuilles, puis la fleur.

3 ▲

Pliez vers l'intérieur la partie où vous avez fait les incisions et piquez à 2 mm du bord.

4 ▲

Pliez la partie arrière sur 1 cm vers l'extérieur et piquez à 1 mm du bord afin de former la coulisse de l'élastique.

5 ▲

Assemblez la partie avant du chausson et la semelle endroit contre envers (côté velours du cuir pour garder la fonction antidérapante) en commençant par le milieu et en piquant d'abord un côté puis l'autre à 5 mm du bord.

Astuce

Il est possible d'utiliser une bande de cuir d'une autre couleur pour former la coulisse sur la partie arrière du chausson, dans ce cas, il faudra découper le patron de l'arrière du chausson sur la pliure, puis découper une bande d'environ 1,5 cm de large dans un autre cuir pour la coulisse.

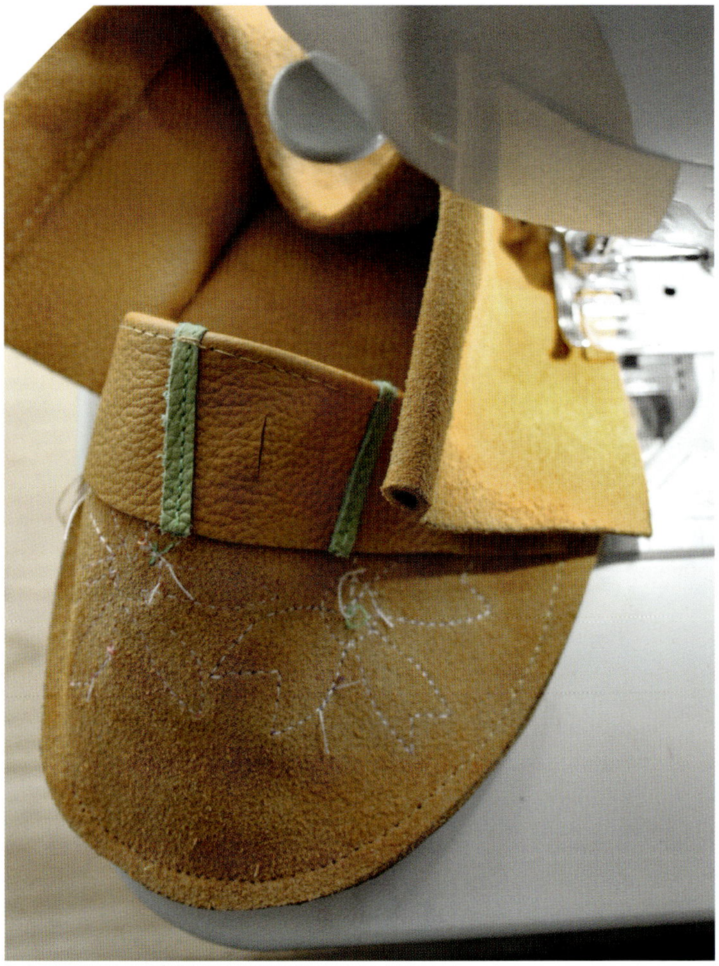

6 ▲

Superposez (1 cm environ de chaque côté) la partie arrière et piquez tout le tour à 5 mm du bord.

7 ▲

Au point zigzag, faites le tour du chausson afin de renforcer les coutures.

8 ▲

Retournez et glissez l'élastique à l'aide de l'épingle à nourrice dans la coulisse en passant par les 2 incisions sous la partie avant du chausson. Faites un nœud que vous ferez glisser dans la coulisse. Retournez les chaussons.

LES CHAUSSONS-CHAUSSETTES

(du 18 au 35)

MATÉRIEL :

- 16 x 22 cm de bord-côte ou de jersey de coton du 18 au 25 18 x 25 cm du 26 au 35 ou une paire de chaussettes assez longues adaptée à la pointure choisie
- 20 x 30 ou 30 x 50 cm de cuir selon la pointure désirée
- Des chutes de cuir pour le motif

COMMENT FAIRE ?

Découpez le cuir selon le patron, dans la pointure souhaitée. On obtient 2 morceaux pour le dessus des chaussons, 4 morceaux pour les côtés et 2 semelles en vis-à-vis, 2 ou 4 bandes pour l'arrière selon la pointure choisie. Préparez 2 chaussettes (coupez le pied) ou 2 coupons de bord-côte ou de jersey de 8 x 22 cm ou de 9 x 25 cm, selon la pointure souhaitée (sur l'envers, piquez le tout le long des 22/25 cm, à 5 mm du bord – vous pouvez utiliser votre surjeteuse si vous en possédez une, retournez en pliant de façon à obtenir un tube d'environ 11/12 cm).

1 ▲

Piquez le motif souhaité sur la partie avant des chaussons.

2 ▲

Assemblez, endroit contre endrroit, les côtés à la partie avant, à 5 mm du bord.

Astuce

Pourquoi ne pas tricoter la partie chaussette dans une laine douce ?

3

Afin d'obtenir un résultat plus soigné, sur l'envers, ouvrez les coutures et surpiquez de chaque côté de la couture centrale à 2 mm.

4

Assemblez sur l'envers la chaussette ou le bord-côte et le dessus du chausson à 5 mm du bord. Aidez-vous de pinces pour que le cuir et le tissu ne bougent pas pendant la couture. Renforcez le tour au point zigzag.

5

Assemblez sur l'envers le dessus du chaussons à la semelle à 5 mm du bord. Retournez le chaussons sur l'endroit.

LES CRÉATIONS

Pour les grands

LES BALLERINES À NŒUDS

(du 36 au 41)

MATÉRIEL :

- 30 x 50 – 70 cm de cuir selon la pointure choisie
- 30 x 30 cm de tissu assorti pour la doublure
- 6-8 cm d'élastique de 5 mm de large pour la version élastiquée

COMMENT FAIRE ?

Découpez le cuir selon le patron, dans la pointure souhaitée. On obtient 2 x le dessus du chausson et 2 semelles vis-à-vis. Procédez de même pour la doublure (sauf les semelles).

1 ▲

Préparez le nœud (voire modèles page 114) et faites 2 incisions verticales sur la partie avant des ballerines à 0,5 mm d'intervalle. Insérez le rectangle qui constituera le nœud dans ces 2 incisions et ajustez le cuir afin d'obtenir un joli nœud. Plus le passage du rectangle de cuir dans les incisions est difficile, plus la forme du nœud sera belle. Il faut donc veiller à ne pas faire des incisions trop larges.

2 ▲

Assemblez endroit contre endroit le dessus des ballerines et la doublure en piquant à 5 mm du bord.

3 ▲

Retournez et fermez l'arrière de la ballerine (cuir + doublure) par une couture à 5 mm du bord.

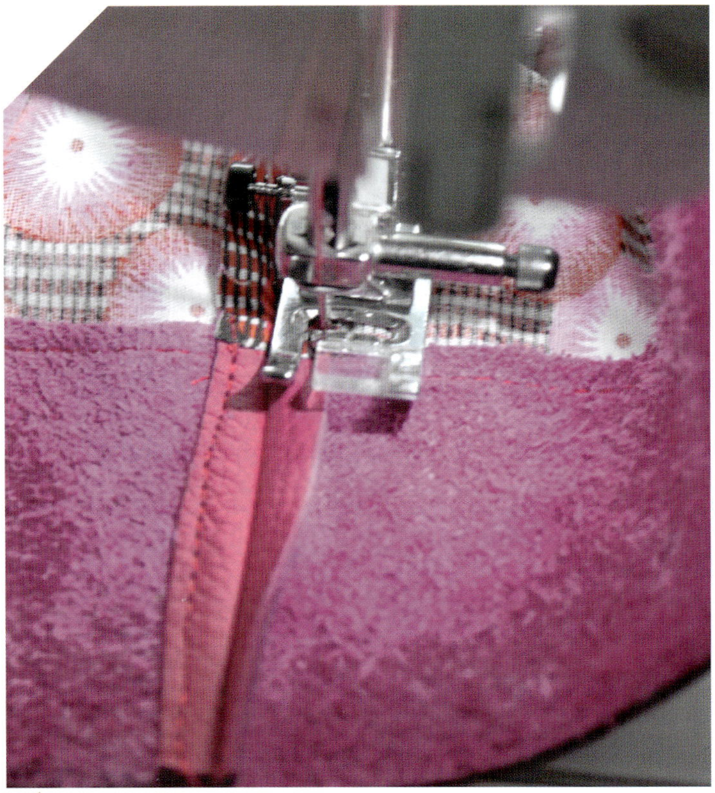

4 ▲

Ouvrez cette couture et surpiquez de chaque côté à 2 mm de la couture centrale afin d'obtenir de jolies finitions.

5 ▲

Surpiquez maintenant sur l'endroit tout le tour de la ballerine à 2 mm du bord.

6 ▲

Sur l'arrière de la ballerine, piquez encore une fois à l'horizontale sur 6 cm, à 1,2 cm du bord, de façon à faire une coulisse pour l'élastique.

POUR LA VERSION ÉLASTIQUÉE :

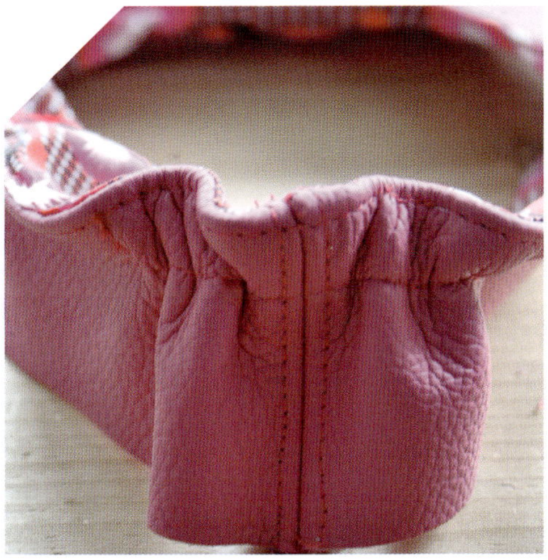

7 ▲

À l'aide d'une épingle à nourrice, passez l'élastique dans la coulisse et fixez par une couture verticale l'un des côtés de l'élastique (cette couture referme la coulisse d'un côté). Tirez sur l'élastique à l'aide de votre épingle à nourrice de façon à créer une tension et piquez le second côté de façon à fermer complètement la coulisse. Il ne reste plus qu'à détacher l'épingle à nourrice.

8 ▲

Assemblez le dessus de la ballerine à la semelle, endroit contre envers du cuir (partie velours) en commençant par l'arrière. Surfilez et retournez.

LES BALLERINES À BRIDES

(du 36 au 41)

MATÉRIEL :

- 40 x 60 cm de cuir
- 30 x 50 cm de tissu assorti pour la doublure
- 2 boutons-pression ou 2 morceaux de ruban agrippant

COMMENT FAIRE ?

Découpez le cuir selon le patron, dans la pointure souhaitée. On obtient 2 x le dessus du chausson, 2 brides et 2 semelles vis-à-vis. Procédez de même pour la doublure (sauf les semelles et les brides).

1 ▲

Faites une piqûre décorative sur la bride à 2 mm du bord.

2 ▲

Assemblez endroit contre endroit le dessus des ballerines, cuir et doublure, en veillant à laisser une ouverture de 5 cm sur l'un des côté pour insérer les brides (vis-à-vis).

3 ▲

Comme pour les ballerines à nœuds, il faut, à présent, refermer la partie arrière, doublure et cuir, par une couture à 5 mm du bord, puis ouvrir cette couture et surpiquer de chaque côté à 2 mm du bord de la couture centrale, on obtient de cette façon de jolies finitions.

4 ▲

Retournez sur l'endroit.

5 ▲

Insérez la bride dans l'ouverture laissée sur le côté et choisissez l'emplacement adéquat par rapport à la coulisse que l'on forme ici simplement avec les doigts, lorsque la bride est placée comme vous le souhaitez, fermez la couture sur l'envers en insérant la bride entre le cuir et la doublure.

6 ▲

Retournez sur l'endroit et surpiquez à 2 mm du bord le tour de la ballerine.

7 ▲

Pliez la coulisse sur 3 cm et faites une couture double (pour plus de maintien) sur l'endroit, vous pouvez, maintenant insérer la bride dans la coulisse.

8 ▲

Assemblez le dessus de la ballerine à la semelle, endroit contre envers du cuir (partie velours), en commençant par l'arrière.

9 ▲

Retournez et fixez les boutons-pression.

Astuces

Si vous choisissez de coudre ce modèle en tissu, il faudra couper la bride 2 fois (1x dans le tissu et 1x dans la doublure, en ajoutant 0,5 cm de marge de couture supplémentaire), il suffira, ensuite de coudre le tour de la bride, endroit contre endroit, en laissant le petit côté (celui qui n'est pas arrondi) ouvert pour pouvoir retourner la bride sur l'endroit, puis surpiquer à 2 mm du bord.

On peut bien sûr fermer les ballerines avec du velcro qu'il faudra fixer dès le début de l'assemblage des ballerines.

Il peut arriver que les ballerines soient terminées et que la bride en cuir s'avère trop longue, il suffit alors de la raccourcir (en prenant soin de reformer un arrondi), on ouvre ensuite quelques points de la piqûre décorative et l'on reprend celle-ci sur l'arrondi.

Comme pour les ballerines à nœuds, il est tout à fait possible d'insérer à l'arrière un élastique.

LES CHAUSSONS KIMONO

(du 36 au 41)

LA VERSION EN TISSU MATELASSÉ (SANS DOUBLURE)

MATÉRIEL :

- 40 x 50 cm de coton matelassé
- 30 x 30 cm de cuir pour les semelles
- 120 cm de biais pré-plié assorti

COMMENT FAIRE ?

1 ▲

Découpez le tissu ou le cuir dans la pointure souhaitée.
On obtient 4 morceaux dans le tissu Petit Pan pour le dessus des chaussons (vis-à-vis) et 2 semelles.

2 ▲

Fermez la partie arrière des chaussons par une couture à 5 mm du bord, endroit contre endroit, ouvrez la couture et piquez quelques centimètres de biais de façon à recouvrir la couture extérieure.

3

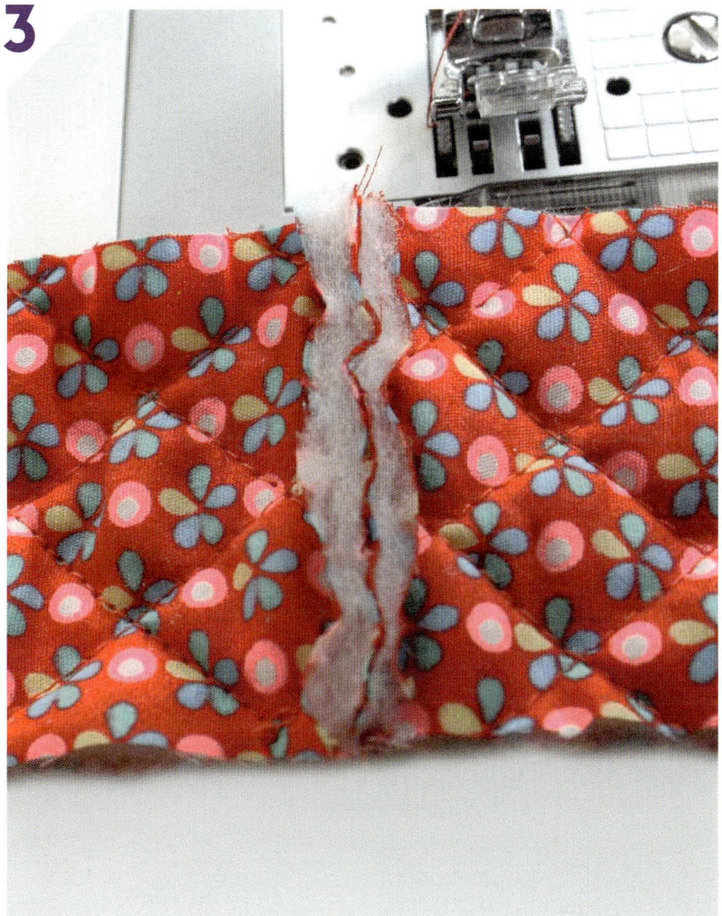

4

5

6 ▲

Assemblez, sur l'envers du tissu, le biais en piquant dans la pliure, puis sur l'endroit, fixez le biais en piquant au plus près du bord.

7 ▲

Afin d'assembler plus facilement le dessus du chausson à la semelle, croisez les parties avant et piquez à 2 mm du bord l'avant du soulier.

8 ▲

Assemblez, maintenant, le dessus et la semelle endroit contre envers du cuir (partie velours) en commençant par l'arrière (prenez la bande de biais comme repère).

9 ▲

Renforcez la couture en piquant le tour au point zigzag et retournez.

LA VERSION CUIR

MATÉRIEL :

- 40 x 50 cm de cuir
- 30 x 30 cm de tissu assorti pour la doublure
- 110/120 cm de passepoil argenté
- Des chutes de cuir argenté pour les étoiles

COMMENT FAIRE ?

1

Découpez le cuir et le tissu dans la pointure souhaitée. On obtient 8 morceaux (4 dans le cuir et 4 dans la doublure, en vis-à-vis) pour le dessus des chaussons et 2 semelles de cuir assorti. Piquez les étoiles ou l'appliqué choisi sur l'avant des chaussons.

2

Piquez, endroit contre endroit, l'arrière des chaussons en superposant les 2 parties en vis-à-vis, à 5 mm du bord.

3

Sur l'envers du cuir, ouvrez la couture et piquez chaque côté à 2 mm de la couture du milieu. Cette couture permet d'aplatir le cuir à l'arrière du soulier afin d'obtenir, ensuite, sur l'endroit de jolies finitions.

4

Sur l'endroit de la partie supérieure de la bande de cuir, piquez le passepoil.

5 ◀

Assemblez les 2 parties de la doublure formant l'arrière du chausson, endroit contre endroit, à 5 mm du bord.

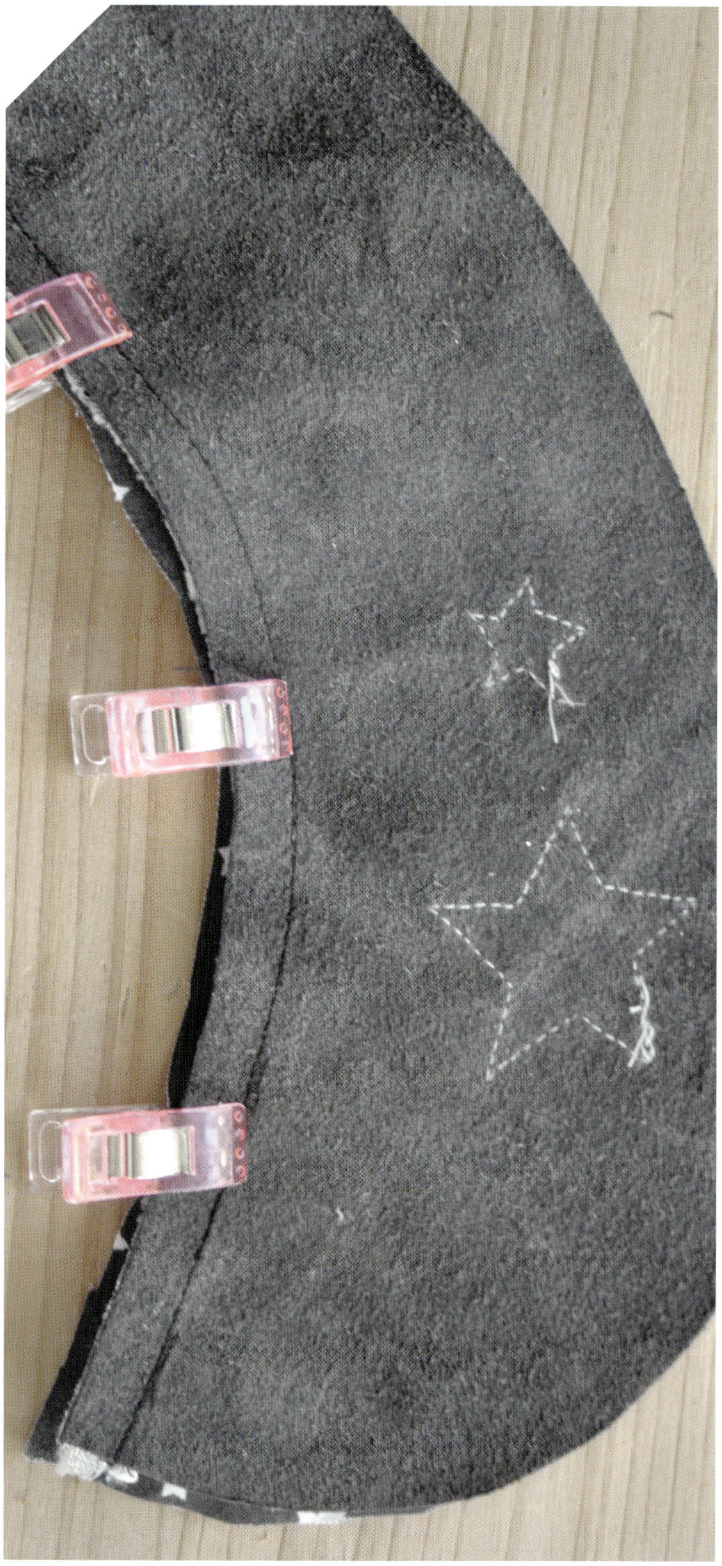

6 ▶

Fixez la doublure et le cuir avec des pinces, endroit contre endroit, et piquez exactement sur la ligne de couture du passepoil.

7 ▲

Retournez sur l'endroit et surpiquez à 2 mm du passepoil.

8 ▸

Afin d'assembler plus facilement le dessus du chausson à la semelle, croisez les parties avant et piquez à 2 mm du bord l'avant du soulier. Fixez avec des pinces le dessus du chausson à la semelle, endroit contre envers du cuir (partie velours antidérapante) et piquez le tour à 5 mm du bord. Renforcez la couture en piquant le tour au point zigzag. Retournez le chausson.

LA VERSION BICOLORE

MATÉRIEL :

- 30 x 30 cm de jersey matelassé figue et orage 30 x 30 cm
- 30 x 30 cm de cuir pour les semelles
- 120 cm de biais pré-plié assorti

COMMENT FAIRE ?

1 ▲

Découpez les tissus dans la pointure souhaitée. On obtient 8 morceaux (4 dans le jersey gris et 4 dans le jersey figue en vis-à-vis) pour le dessus des chaussons et 2 semelles de cuir assorti. Pour former le dessus des chaussons, prenez un morceau de tissu gris et figue (en vis-à-vis) et fermez les 2 morceaux par une couture à l'arrière, endroit contre endroit à 5 mm du bord, procédez de la même façon pour les autres et pour ceux de la doublure. On obtient 4 morceaux (2 pour l'endroit et 2 pour la doublure), chacune de ces parties est bicolore.

2 ▲

Assemblez le dessus des chaussons et la doublure endroit contre endroit en interposant le biais entre les tissus, à 5 mm du bord.

3 ▲

Retournez et piquez le biais, sur l'endroit, au plus près du bord.

4 ▲

Afin d'assembler plus facilement le dessus du chausson à la semelle, croisez les parties avant et piquez à 2 mm du bord l'avant du soulier. Assemblez, maintenant, le dessus et la semelle endroit contre envers du cuir (partie velours) en commençant par l'arrière (prenez la couture comme repère). Renforcez la couture en piquant le tour au point zigzag et retournez.

LES MOCASSINS FOURRÉS

(du 36 au 41)

MATÉRIEL :

- 40 x 50/60 cm de daim ou de cuir caramel retourné (partie velours)
- 30 x 40 cm de fausse fourrure crème

COMMENT FAIRE ?

1 ▲

Découpez le cuir et la fausse fourrure dans la pointure souhaitée. On obtient 8 morceaux (4 dans le cuir et 4 dans le tissu) pour le dessus des chaussons (en vis-à-vis) et 2 semelles.

2 ▶

Pour la version avec des franges, coupez une bande de 2,5 cm de large et d'environ 35 cm de long (à adapter selon la pointure choisie), coupez des franges de 2 mm de large en laissant 0,5 mm sur le haut de la bande. Assemblez, endroit contre endroit, le dessus des mocassins, ouvrez la couture et surpiquez de chaque côté de la couture centrale, à 2 mm du bord.

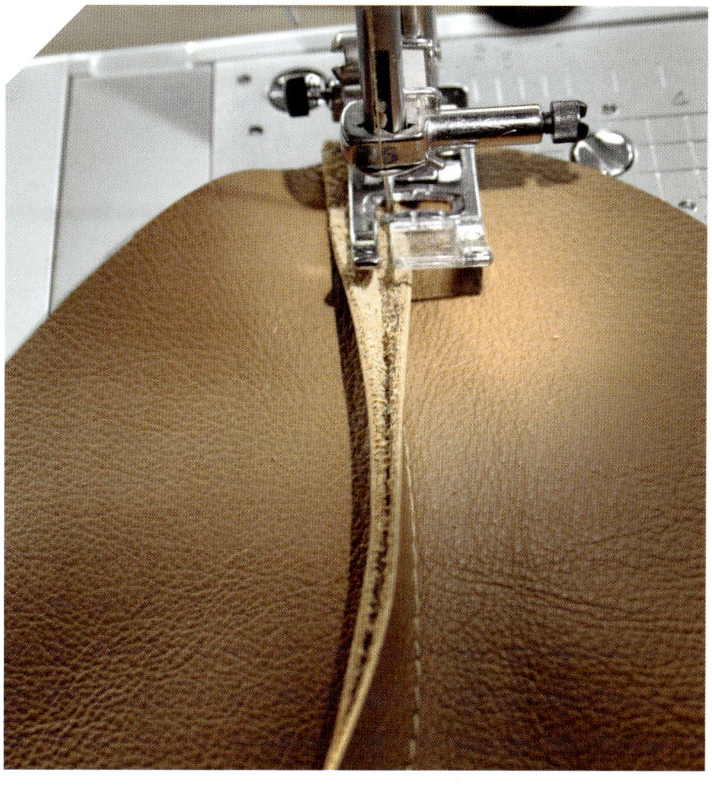

3 ▲

Procédez de la même façon pour la doublure, mais sans surpiquer.

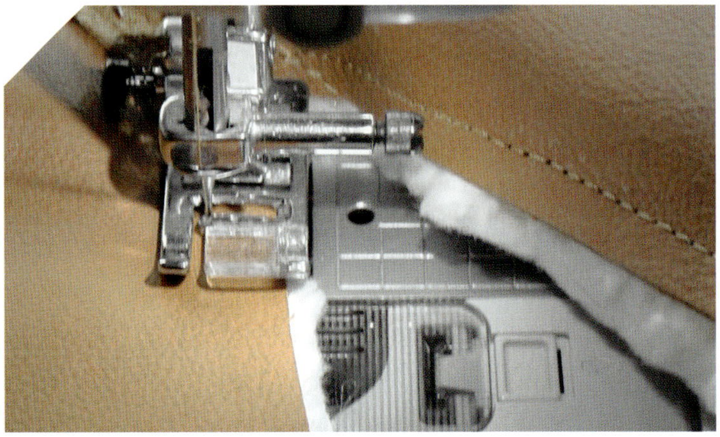

4 ▲

Assemblez, endroit contre endroit, le cuir et la doublure par une couture à 5 mm du bord.

5 ▲

Fermez l'arrière des mocassins (doublure et cuir) par une couture sur l'envers à 5 mm du bord, puis ouvrez cette couture et surpiquez de chaque côté, à 2 mm de la couture centrale afin d'obtenir des finitions soignées. Pour les mocassins à franges, retournez et piquez sur l'endroit la bande de franges à 2 mm du bord. Découpez le surplus.

6 ▲

Assemblez le dessus et la semelle endroit contre envers du cuir (partie velours) en commençant par l'arrière (prenez la couture comme repère).

7 ▲

Surfilez et retournez.

LES BOTTES

(du 36 au 41)

MATÉRIEL :

- 60 x 60 cm de cuir (du 36 au 41) 60 x 70 cm (42/43)
- 50 x 50 cm de laine bouillie (du 36 au 41) 50 x 60 cm (42/43)

COMMENT FAIRE ?

1 ▲

Découpez les différentes parties de la pointure souhaitée dans le coupon de cuir et dans la laine bouillie (sauf la semelle). Assemblez le coupon de cuir de l'avant des bottes au tour de pied, endroit contre endroit, à 5 mm du bord.

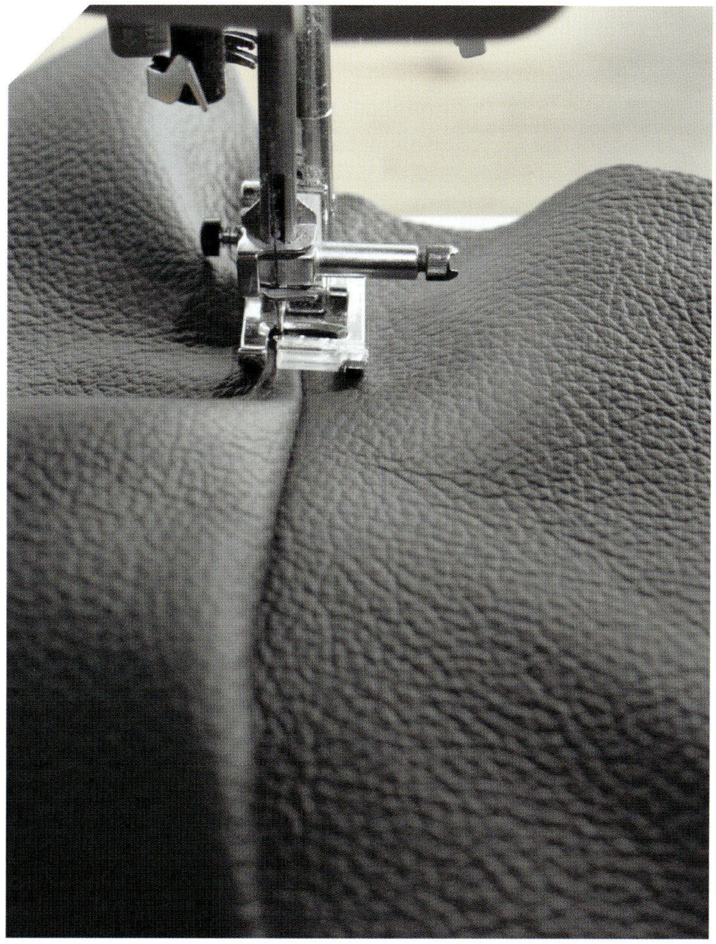

2 ▶

Facultatif : surpiquez sur l'endroit à 2 mm de la couture.

3 ▲

Fermez l'arrière de la bottes, endroit contre endroit, à 1 cm du bord, en laissant sur la partie haute une ouverture de 6 cm.
Facultatif : ouvrez la couture et surpiquez des 2 côtés de la couture centrale, à 2 mm, afin d'obtenir de jolies finitions.

4 ▲

Procédez de la même façon pour la doublure, sans surpiquer.

5 ▲

Inserez la doublure dans la botte de cuir, endroit contre endroit, fixez le haut avec des pinces et piquez le tour à 5 mm du bord.

6 ▲

Coupez les coins de l'ouverture au plus près de la couture, puis retournez.

7 ▲

Assemblez la botte à la semelle, en fixant le tour avec des pinces, endroit contre envers du cuir (partie velours anti-dérapante), à 5 mm du bord, puis renforcez la couture en piquant le tour au point zigzag. Retournez sur l'endroit.

LES CRÉATIONS

Pour tous

Petits et grands chaussons....

LES CHAUSSONS DOUBLÉS

(du 18 au 43)

MATÉRIEL :

- 1 coupon de cuir (de 20 x 30 cm jusqu'au 20, de 30 x 50 cm jusqu'au 35, de 50 x 50 cm jusqu'au 43)
- 1 coupon de tissu assorti à la couleur du cuir pour la doublure
- 2 petits carrés de cuir d'environ 2 x 2 cm
- 10 à 20 cm d'élastique de 5 mm de large par chausson, selon la pointure
- 1 épingle à nourrice

COMMENT FAIRE ?

1

Recopiez le patron dans la taille souhaitée, tracez et découpez les pièces des chaussons dans le cuir en marquant les repères indiqués sur le patron et préparez les motifs des appliqués (plusieurs motifs à retrouver dans la boîte à idées).
Pour la doublure, découpez 2 fois chaque pièce sauf la semelle. Incisez deux fentes dans les petits carrés de cuir qui servira à la coulisse de l'élastique, pour ce faire, il suffit de plier le morceau de cuir.

2

Piquez les motifs de l'appliqué choisi sur la partie avant du chausson.

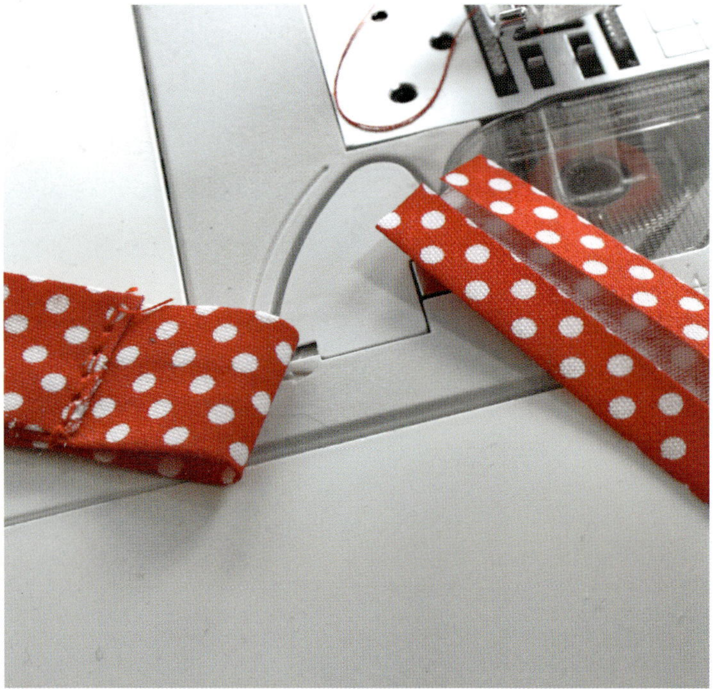

3 ▲

Pour le modèle cirque, préparez un petit nœud en pliant un morceau de biais préplié d'environ 7 cm (adaptez la longueur du biais en fonction de la pointure des chaussons et de la taille de votre éléphant !) en deux et piquez les deux extrémités ensemble, préparez un second morceau de biais d'environ 5 cm que vous plierez en 2 dans le sens de la longueur.

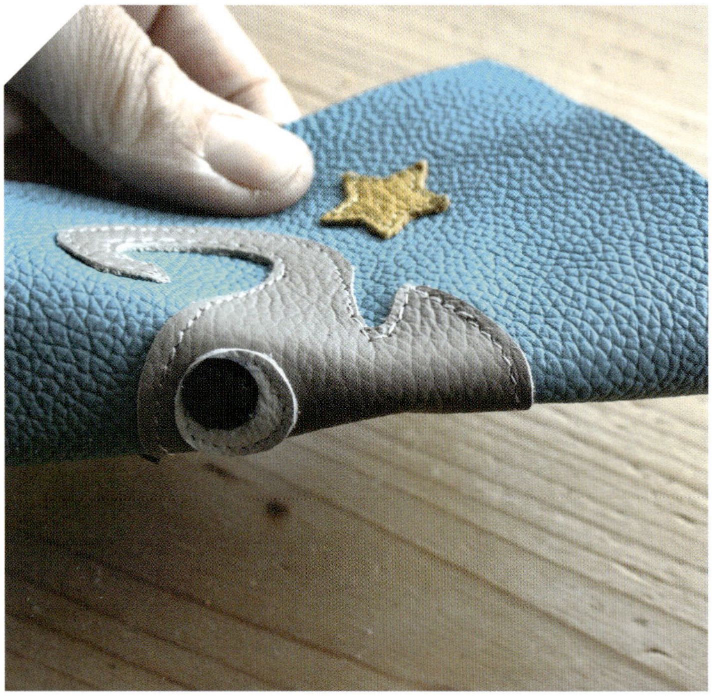

4 ▲

Faites 2 incisions à 0,5 mm l'une de l'autre, sous le cou de l'éléphant, dans le sens de la longueur.

5 ▲

Insérez le biais plié en 2, dans les 2 fentes de façon à créer une boucle.

6 ▲

Placez dans cette boucle le morceau de biais qui formera le nœud.

7 ▲

Serrez la bande de biais au dos de façon à obtenir un joli nœud et collez les 2 extrémités en les superposant (et en les raccourcissant si nécessaire).

8 ▲

Piquez le carré de cuir avec les 2 incisions à 2 cm du bord et au milieu sur l'endroit de la doublure avant du chausson.

9 ▲

Assemblez, endroit contre endroit, la doublure et la partie cuir de l'avant du chausson à 5 mm du bord.

10 ▲

Retournez et surpiquez à 2 mn du bord.

11 ▲

Crantez ou surfilez les petits côtés de la doublure de l'arrière du chausson, on peut aussi faire un petit ourlet de chaque côté – il faudra alors rallonger cette partie de la doublure d'environ 0,5 cm pour chaque côté.

12 ▲

Marquez sur l'envers le milieu de la doublure de l'arrière du chausson (côté le plus long). C'est à cet endroit que l'on insèrera la languette. Assemblez la doublure et le cuir de l'arrière du chausson, endroit contre endroit, à 5 mn du bord, insérez la languette pliée en deux à l'endroit marqué précédemment.

13 ▲

Retournez et surpiquez à 2 mn du bord.

14 ▲

Faites une deuxième couture à 1,5 cm de la première afin de former la coulisse pour l'élastique.

15 ▲

Assemblez l'avant du chausson et la semelle, endroit contre envers du cuir (partie velours antidérapante), en commençant par le milieu, piquez un côté, puis l'autre, à 5 mm du bord.

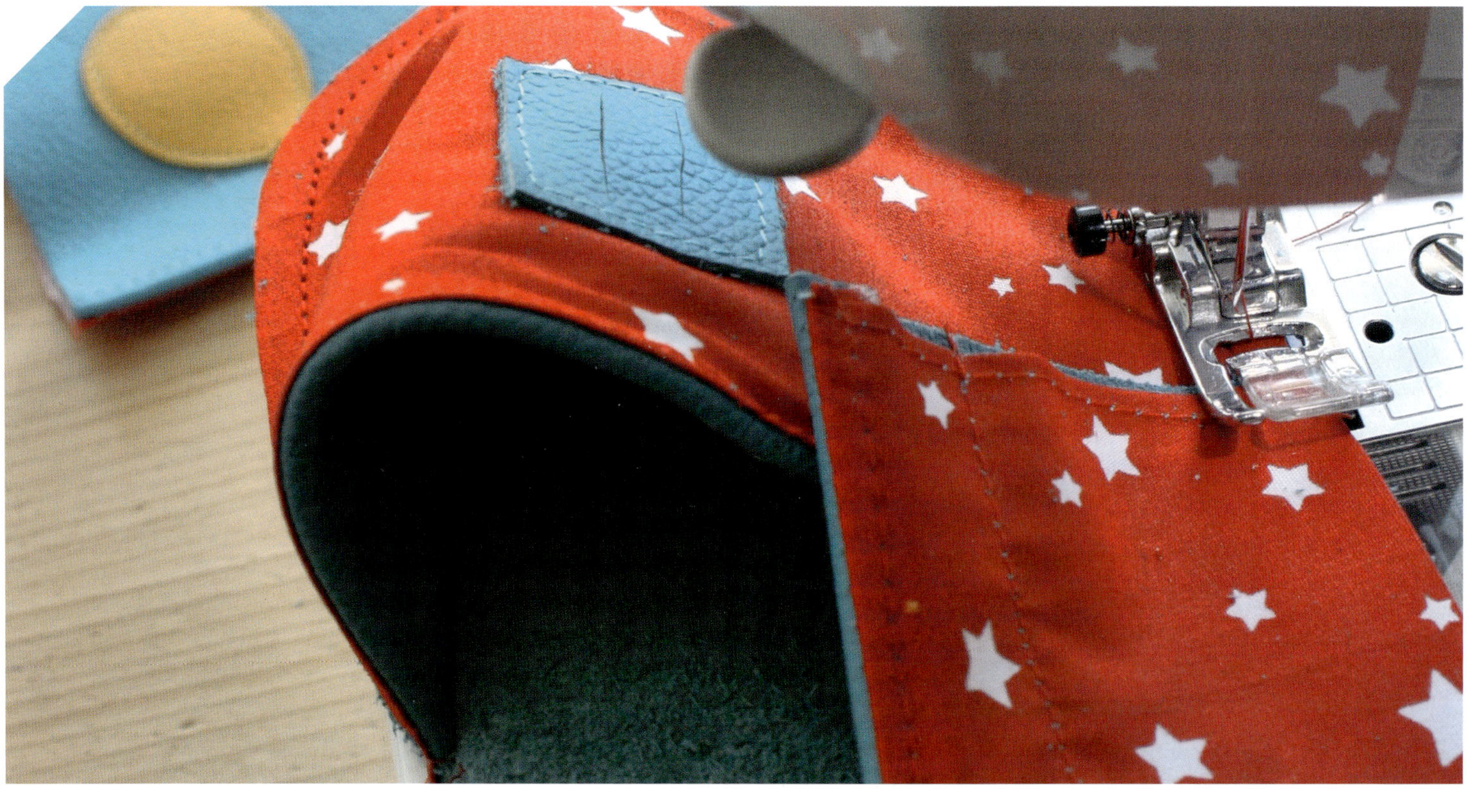

16 ▲

Assemblez par une couture, à 5 mm du bord, l'arrière du chausson à la semelle, endroit contre envers, en commençant par le côté droit et en superposant (environ 1 cm) l'arrière sur l'avant du chausson, attention la languette devra se trouver au milieu de l'arrière de la semelle du chausson. Renforcez les coutures en piquant le tour du chausson au point zigzag. Retournez et à l'aide de l'épingle à nourrice, insérez l'élastique dans la coulisse et dans les incisions sous la partie avant du chausson. Faites un nœud que vous rentrerez ensuite dans la coulisse.

Astuce : Les semelles hiver

Afin de protéger petits et grands pieds du froid, en hiver, on peut insérer dans les chaussons une semelle découpée dans de la feutrine de 5 mm d'épaisseur ou de la fausse fourrure type mouton, il suffit de choisir une pointure en dessous de la pointure utilisée pour les chaussons et de découper tout simplement la semelle dans le matériel choisi.

LA BOÎTE *à idées*

J'ai réservé cette partie de mon livre pour y ajouter quelques astuces, vous y trouverez des idées pour habiller les pieds des poupées, j'y ai rangé quelques uns des motifs que j'ai dessinés pour les appliqués de mes chaussons, enfin, j'avais envie, aussi de vous montrer comment je procède pour faire les nœuds en cuir ou en tissu.

LES MINUSCULES

Les minuscules ne sont qu'une adaptation de mes patrons pour enfants et adultes, de ce fait je ne retrace pas ici toutes les étapes de l'assemblage, mais vous propose simplement des modèles à adapter aux poupées.

Pour ces petits souliers, des chutes de cuir et de tissus suffisent, les patrons sont proposés en 2 tailles : pour les petites poupées, d'environ 30 cm, et pour les poupées plus grandes, d'environ 40 cm.

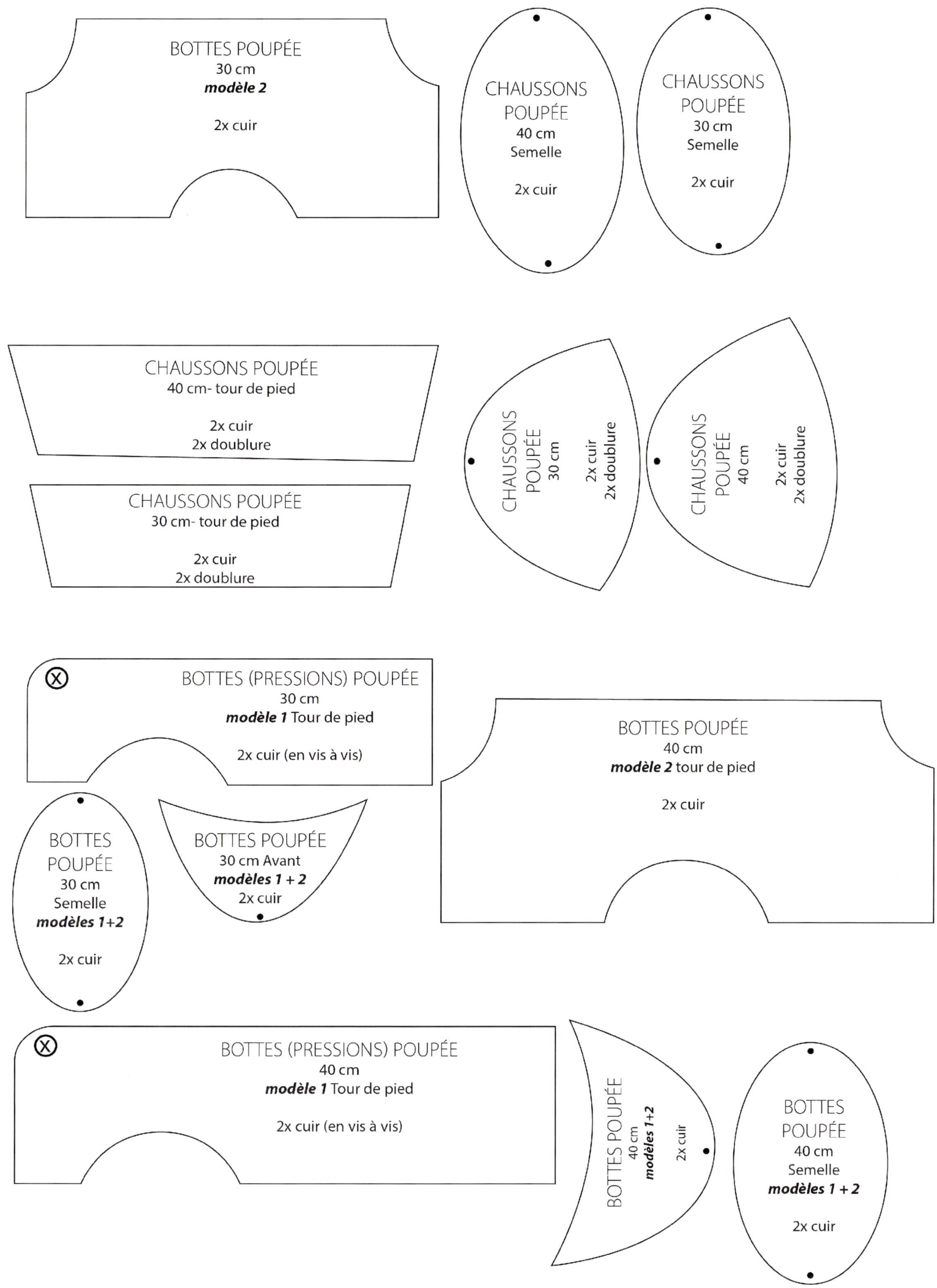
BOTTES POUPÉE
30 cm
modèle 2
2x cuir
CHAUSSONS POUPÉE
40 cm
Semelle
2x cuir
CHAUSSONS POUPÉE
30 cm
Semelle
2x cuir
CHAUSSONS POUPÉE
40 cm- tour de pied
2x cuir
2x doublure
CHAUSSONS POUPÉE
30 cm- tour de pied
2x cuir
2x doublure
CHAUSSONS POUPÉE
30 cm
2x cuir
2x doublure
CHAUSSONS POUPÉE
40 cm
2x cuir
2x doublure
BOTTES (PRESSIONS) POUPÉE
30 cm
modèle 1 Tour de pied
2x cuir (en vis à vis)
BOTTES POUPÉE
40 cm
modèle 2 tour de pied
2x cuir
BOTTES POUPÉE
30 cm
Semelle
modèles 1+2
2x cuir
BOTTES POUPÉE
30 cm Avant
modèles 1 + 2
2x cuir
BOTTES (PRESSIONS) POUPÉE
40 cm
modèle 1 Tour de pied
2x cuir (en vis à vis)
BOTTES POUPÉE
40 cm
modèles 1+2
2x cuir
BOTTES POUPÉE
40 cm
Semelle
modèles 1 + 2
2x cuir

Les chaussons

Les chaussons doublés se cousent de la même manière que ceux destinés aux plus grands. Seules les quantités de matériel diffèrent.

Pour coudre de petits souliers indiens, il vous faut quelques chutes de cuir caramel que l'on prend sur l'envers (partie daim). Il vous suffit ensuite de découper le cuir et le tissu en suivant le patron (marges de coutures de 0,5 mm comprises) et de découper les franges.

Pour coudre des chaussons de poupées à petits nœuds, il faudra, comme pour les ballerines page xx, insérer le petit rectangle de cuir (voir le patron) dans les 2 incisions faites sur la partie avant du cuir du chausson. L'assemblage est le même que celui des chaussons doublés pour les grands.

Les bottes (simples ou à pressions)

Inspiré des petites bottes pour les enfants, ce modèle est sans doublure et l'assemblage est donc très facile. Il faut d'abord piquer endroit contre endroit le dessus de la botte au tour de la cheville. Pour la botte toute simple, sur l'envers, on fermera par une couture la partie arrière, la botte à pression, quant à elle, ne nécessite pas cette couture puisqu'elle sera fermée sur le côté par un bouton. Pour les 2 modèles, on assemble, ensuite, la partie obtenue à la semelle, endroit contre envers. Il suffit maintenant de retourner la petite botte. Si vous avez choisi les petites bottes qui se ferment sur le côté, il ne reste plus qu'à poser le bouton-pression.

LES APPLIQUÉS

J'aime décorer mes chaussons des motifs que je dessine, afin de faire de jolis appliqués, il faut découper le cuir avec beaucoup de soin, travailler à obtenir de jolis arrondis et recommencer plusieurs fois, parfois…

La couture d'un motif commence toujours par la partie qui viendra en dessous, pour les fleurs par exemple, on commencera par la tige et les feuilles.

Pour le renard ou le chat, on piquera d'abord le corps de l'animal, puis la gueule, on utilisera la même façon de procéder pour la couture des portraits en commençant par piquer le visage, puis les cheveux pour finir par les détails : la bouche, les joues, les yeux…

Je taille les petites pièces comme les yeux grâce à ma pince à emporte-pièce, les moustaches du chat, la tige des fleurs sont brodés à la machine, au point droit. Je veille toujours à ce que l'aiguille de ma machine à coudre reste enfoncée dans le cuir, ce qui me permet de tourner plus facilement mon support pour coudre les arrondis. Plus un motif est petit, plus je réduis la longueur du point de ma machine.

La taille des mes motifs peut, bien sûr, être modifiée en fonction de la pointure des chaussons que vous allez choisir de coudre. Certains motifs, très détaillés, conviennent mieux à de grandes pointures, on préférera les appliqués simples pour les chaussons de bébé, comme les étoiles, les papillons.

À vous de créer vos propres motifs en vous inspirant de vos tissus préférés, par exemple, ou en feuilletant des livres de coloriages.

Je couds mes motifs de façon à amuser l'enfant (ou l'adulte !) qui porte mes chaussons, de ce fait, je choisis toujours de coudre mes appliqués vers l'intérieur, mais il est tout à fait possible d'assembler les motifs choisis dans l'autre sens !

LES RENARDS

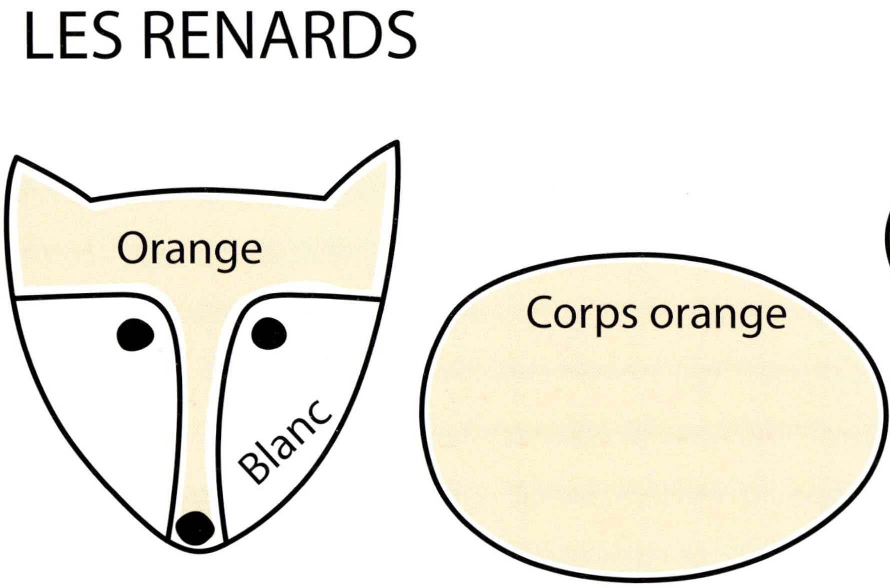

LE CIRQUE

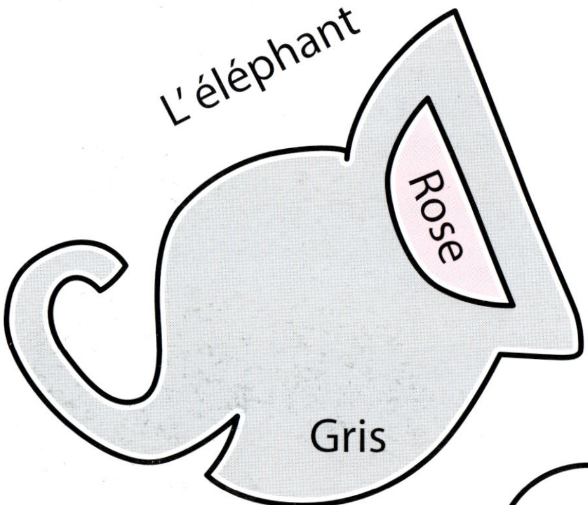

+ Biais préplié pour le nœud papillon

L'arc - en - ciel

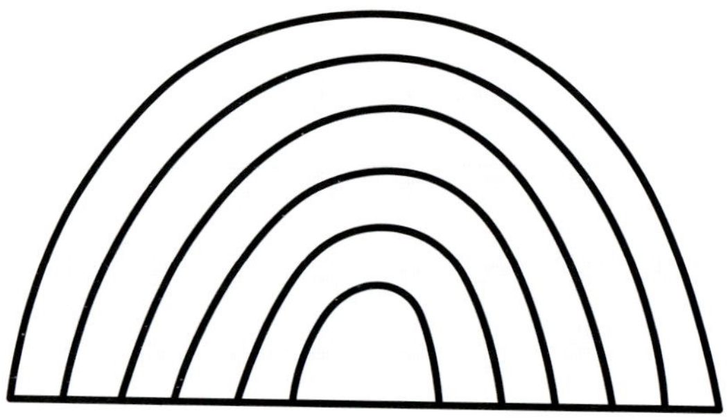

LE CHAT AU JARDIN

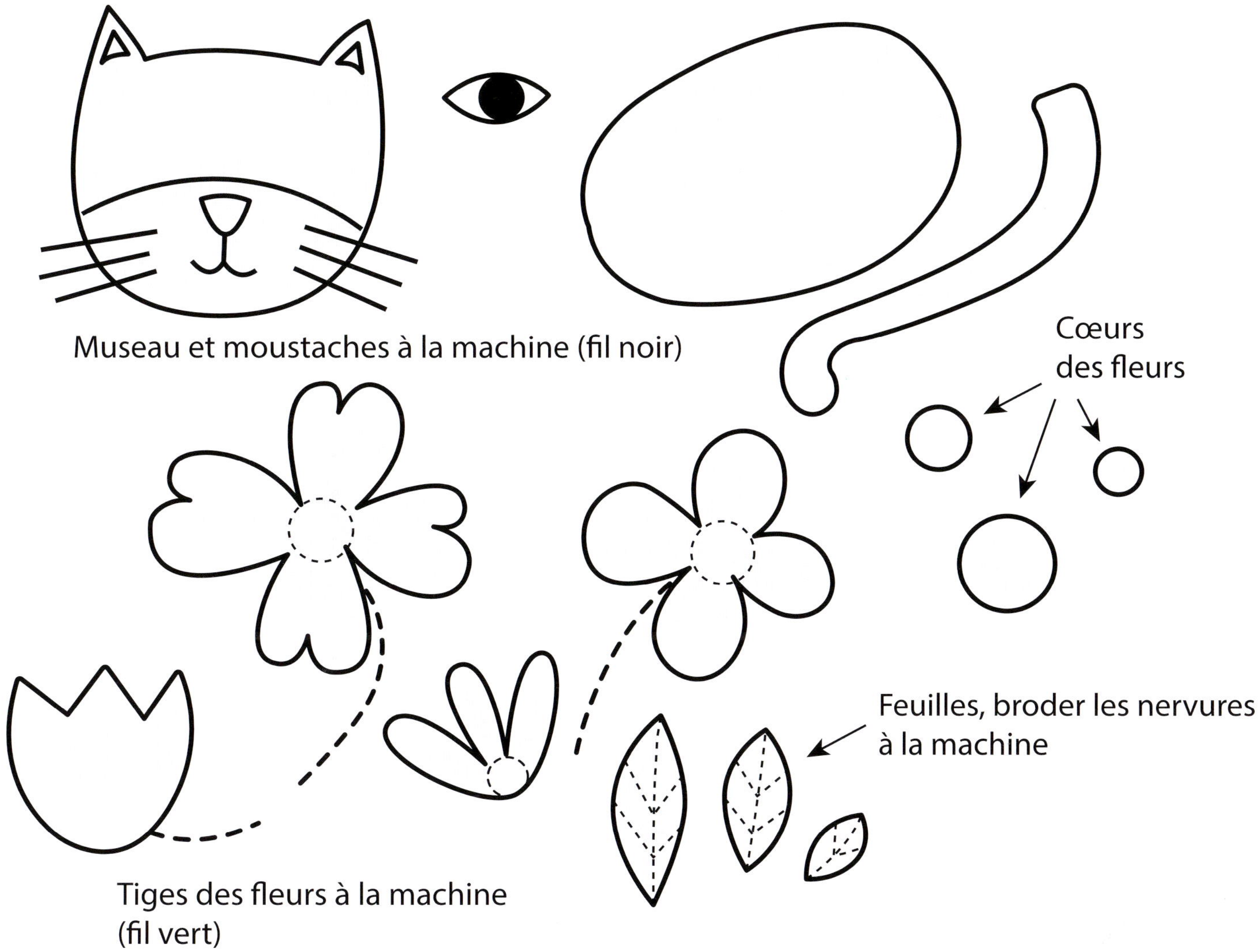

LE HIBOUX

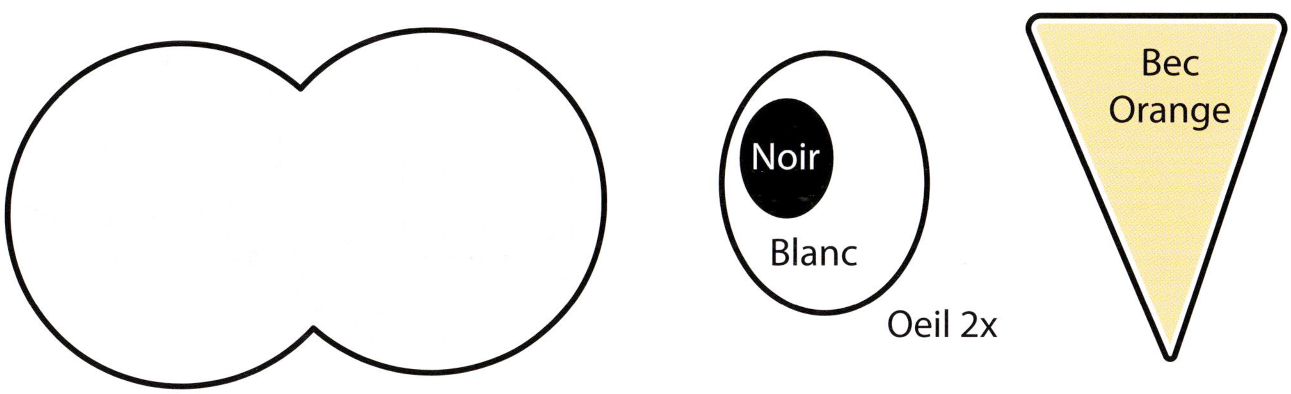

LES PORTRAITS

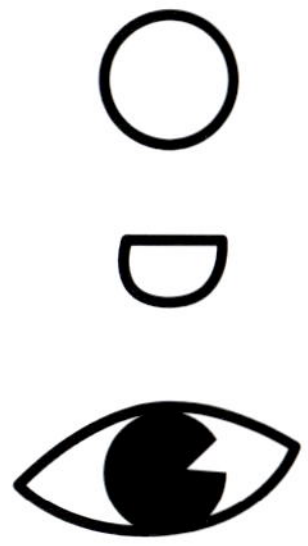

LE VIKING

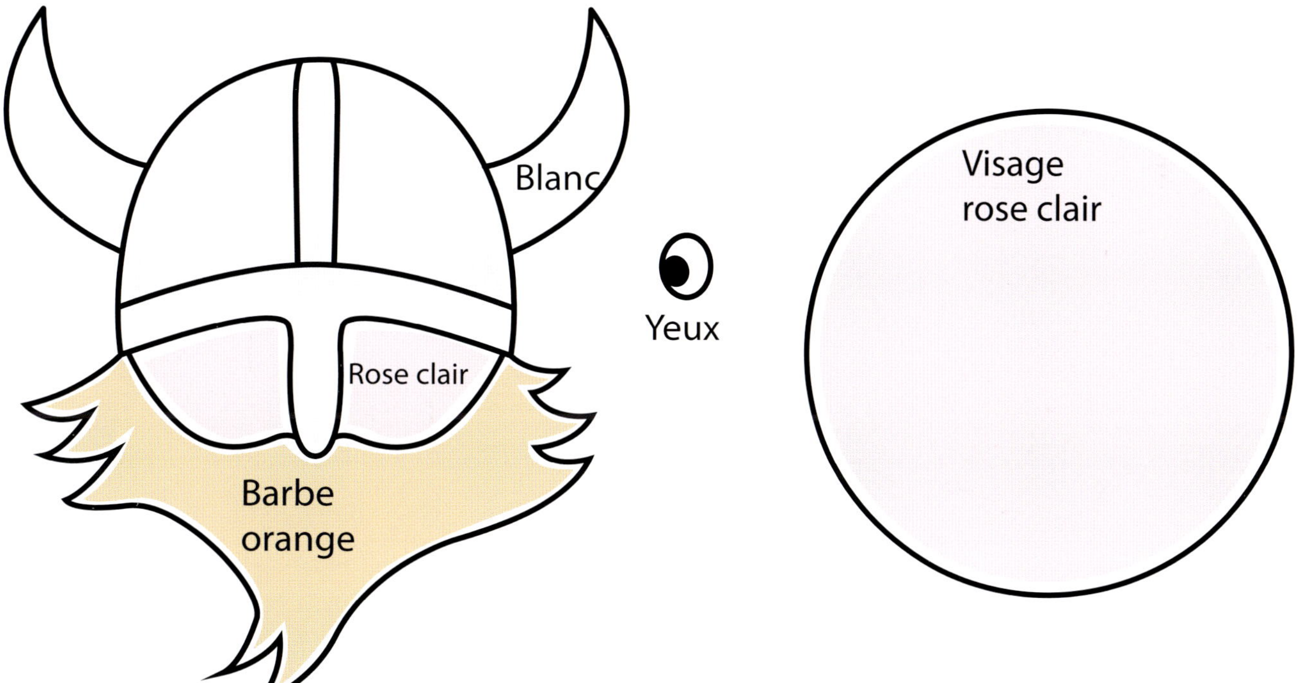

NOËL...

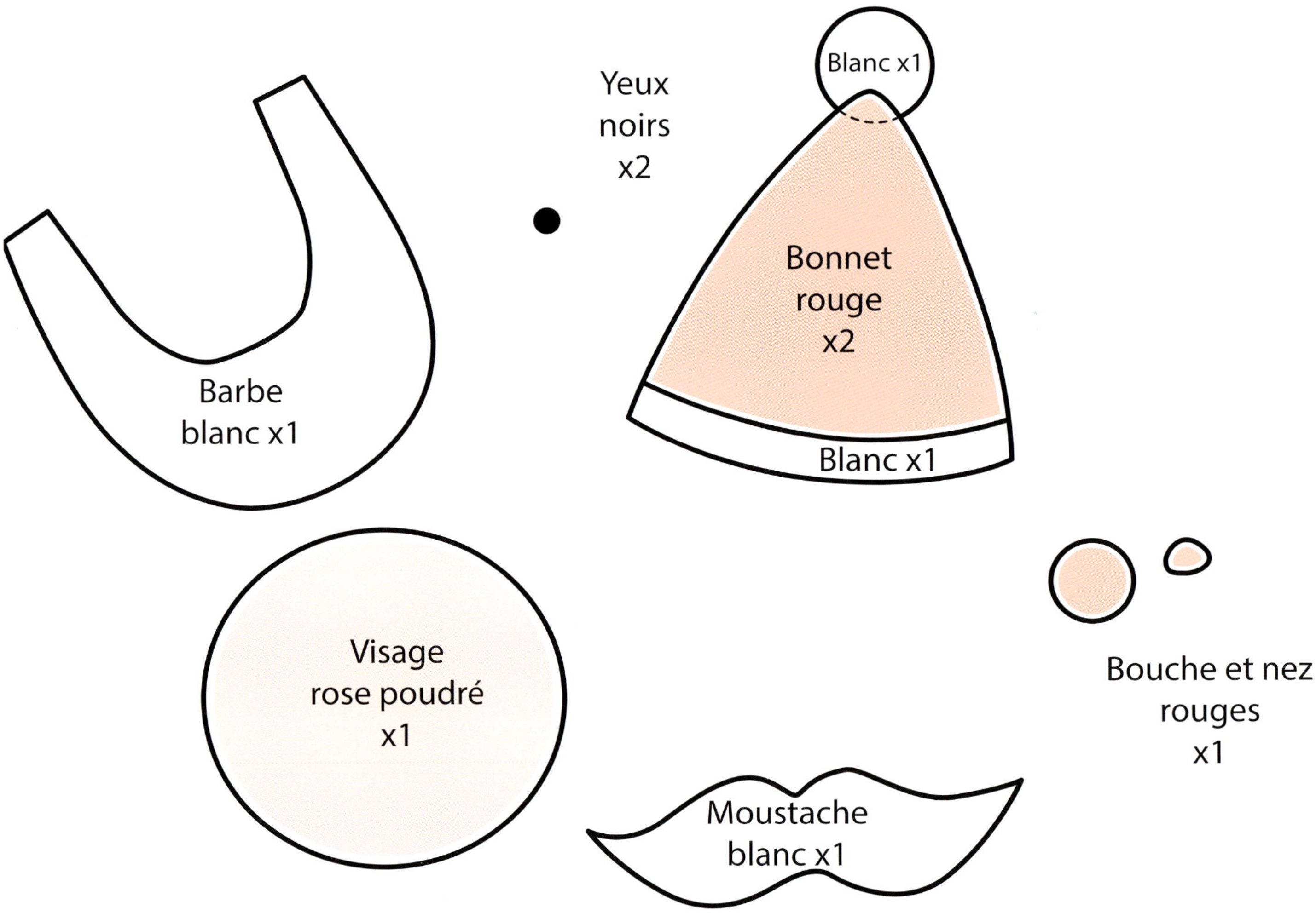
Yeux
noirs
x2
Blanc x1
Bonnet
rouge
x2
Blanc x1
Barbe
blanc x1
Visage
rose poudré
x1
Bouche et nez
rouges
x1
Moustache
blanc x1

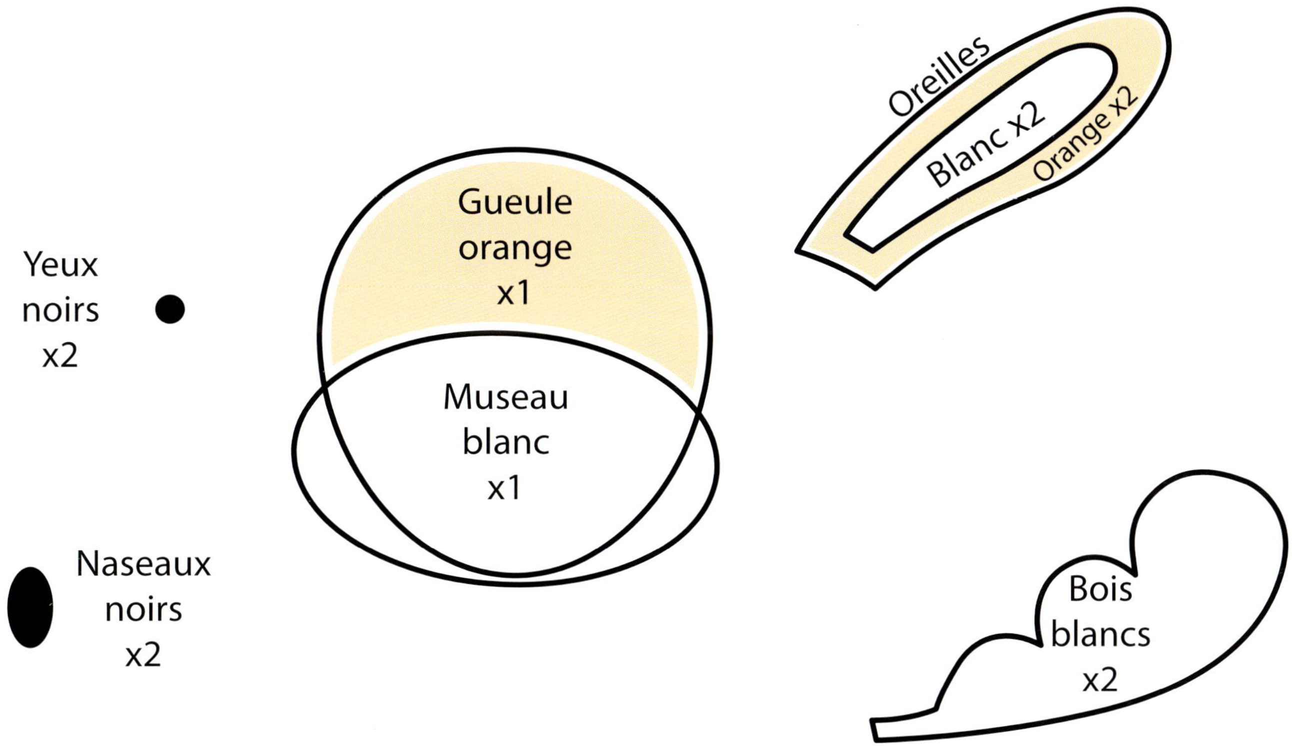
Oreilles
Blanc x2
Orange x2
Gueule orange x1
Yeux noirs x2
Museau blanc x1
Naseaux noirs x2
Bois blancs x2

Le dinosaure

La pomme

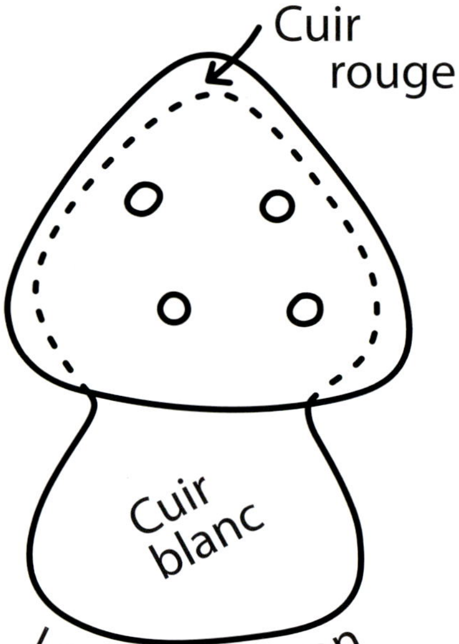

Le champignon

Le cup cake

Le Papillon

La voiture

La guitare

La moustache

Le renard

La fleur

LES FRANGES

Les chaussons à franges font partie de mes modèles préférés. Je choisis en général un cuir caramel que je retourne sur la partie velours et dans lequel je découpe les différentes parties de mes chaussons.

Pour la partie avant, je reprends le patron et je marque 2 repères de 1,5 à 2,5 cm des bords (de chaque côté selon la pointure), puis je trace un arrondi qui fait se rejoindre ces 2 repères. Je découpe ce morceau dans le cuir caramel et je coupe les franges (de 2 mm) en laissant environ 1 cm sur le bord le plus large pour la couture.

J'assemble ensuite endroit contre endroit le cuir et la doublure (sur laquelle j'ai piqué mon petit carré avec ses 2 incisions pour la coulisse), je retourne sur l'endroit et je superpose ma bande de franges avant de surpiquer à 2 mm du bord.

Il suffit de procéder de façon identique pour le tour de pied : je découpe une bande de même longueur que la partie arrière et faisant la moitié du patron (en largeur) sur laquelle je découpe des franges (de 2 mm), en laissant environ 1 cm sur le côté le plus long pour la couture.

J'assemble ensuite endroit contre endroit le cuir et la doublure (en insérant ma languette au milieu), je retourne sur l'endroit et je superpose ma bande de franges avant de surpiquer à 2 mm du bord.

Pour la couture de la coulisse de l'élastique, je soulève les franges et je pique à environ 1,2 cm de la première couture. La coulisse sera ainsi cachée par la bande de franges.

On assemble, ensuite, les chaussons comme à la page 76.

① Prenez le patron de la partie avant des chaussons pour tous

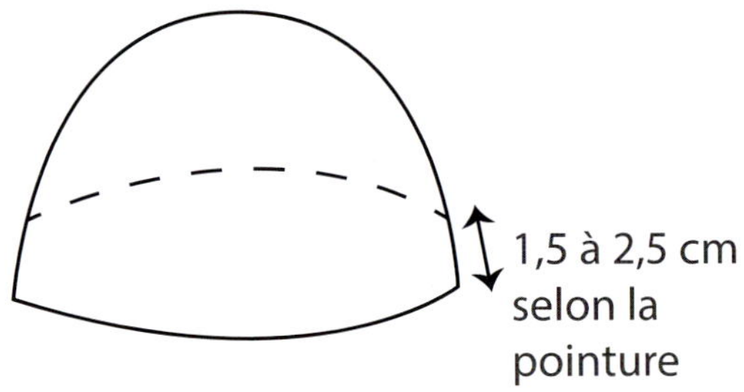

②

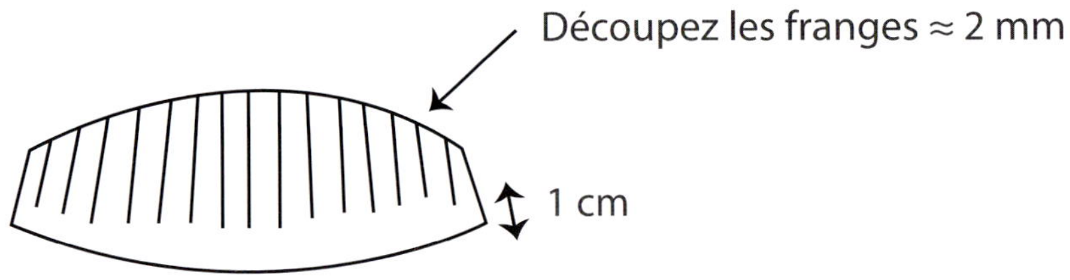

③

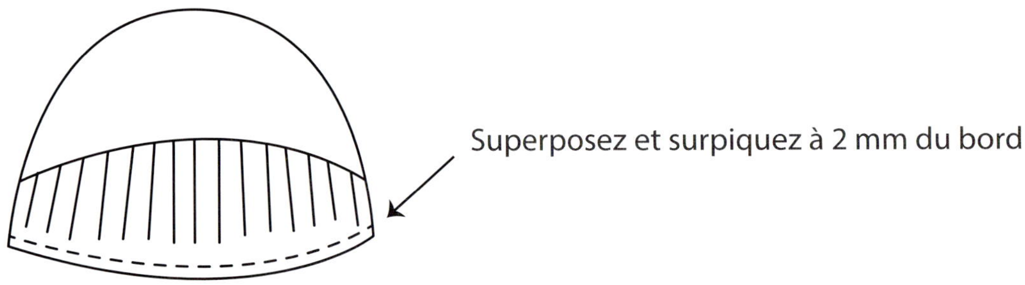

④ Même procédure pour la partie arrière

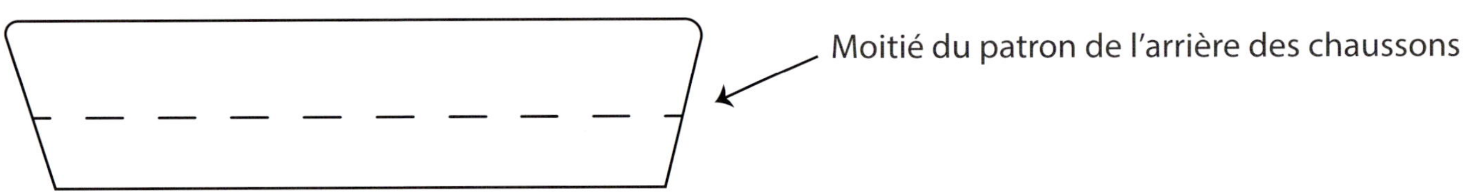

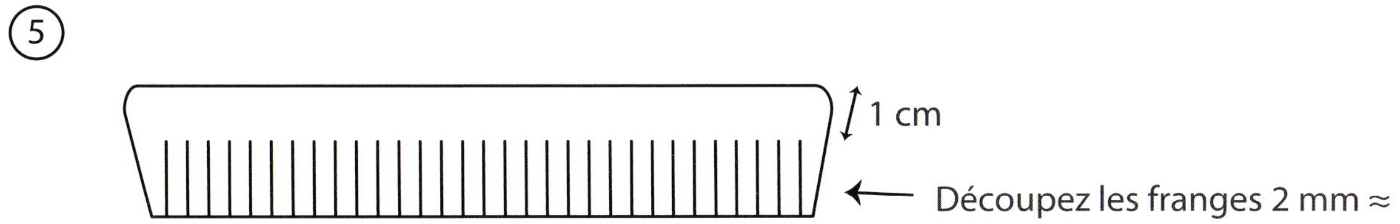

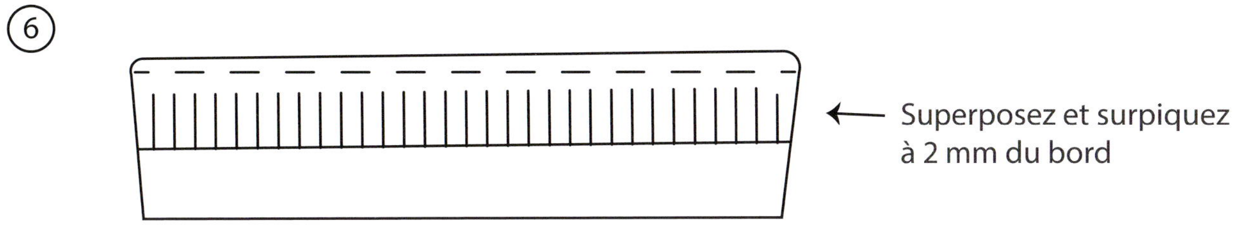

Soulevez la bande de franges pour la couture de la coulisse à 1,5 cm de la surpiqûre.

LA DENTELLE
et les rubans

J'aime beaucoup utiliser de la dentelle pour customiser les petits souliers de fêtes, habiller un cuir blanc ou crème et/ou accompagner un joli nœud découpé dans un cuir précieux.

Comme la bande de franges, la dentelle ou le ruban est posé(e) sur la partie avant des chaussons, sur l'endroit du cuir, au moment de la surpiqûre à 2 mm du bord.

Pour le ruban, il faudra faire une autre couture le long du second côté, en veillant cette fois à ne pas prendre la doublure dans la piqûre.

COMMENT FAIRE ?

DENTELLE ET PETIT NŒUD

Si vous souhaitez ajouter à la dentelle un petit nœud en cuir, utilisez le patron du nœud à boucle (sans les pans), comme page 114, comme la longueur de la dentelle dépendra de la pointure des chaussons, vous pourrez aussi adapter la taille du nœud à celle des souliers que vous allez réaliser.

1 ▲

Tracez et découpez dans le cuir blanc le nœud à boucle et collez les deux extrémités en les superposant sur 0,5 mm.

2 ▶

La partie supérieure du nœud est prête. En vous servant de ce premier nœud comme repère, découpez, maintenant, dans le cuir doré ou argenté un rectangle dont les côtés seront 5 mm plus grands que la partie supérieure. Découpez une bandelette de 0,5 cm de large et de 4 cm de long dans le cuir blanc.

3 ▶

Faites 2 incisions horizontales dans le cuir du chausson, à 0,5 cm l'une au-dessus de l'autre, à l'endroit où vous souhaitez placer le nœud (attention à ne pas couper dans la doublure!). Si, comme moi, vous souhaitez que le nœud chevauche la dentelle, il faudra couper le cuir et la dentelle ensemble (ces incisions ne se verront plus quand le nœud sera en place !).

Insérez la bandelette de cuir dans les 2 incisions de façon à former une boucle.

Passez les 2 parties du nœud dans cette boucle et serrez sur l'arrière (entre la doublure et le cuir) de façon à donner une jolie forme au nœud. Superposez les deux extrémités de la bandelette (raccourcissez-les si nécessaire) et collez-les.

4 ◀

Il ne vous reste plus qu'à terminer vos chaussons.

LES NŒUDS

J'aime beaucoup les petits nœuds sur les chaussons. Contrairement à ce que l'on pourrait croire la création d'un joli nœud nécessite presque autant de temps et de patience que la création d'un appliqué.

Les nœuds en cuir

Le nœud simple

Il suffit de découper un rectangle que vous adapterez à la forme et à la taille des chaussons que vous choisirez de coudre, pour mes ballerines, je découpe deux rectangles de 7 x 5 cm et j'arrondis les angles.
Pour de petits souliers, le rectangle sera bien plus petit. À vous, donc, de choisir la taille de vos nœuds et de décider de leur place, j'aime beaucoup placer mes petits nœud s sur le côté des chaussons.

La découpe du cuir est à nouveau une étape décisive pour la suite, plus la découpe est soignée, plus le nœud sera joli. Il m'arrive souvent de recommencer plusieurs fois afin d'obtenir de jolis angles arrondis, par exemple.

Avant d'insérer le rectangle qui formera le nœud, il va vous falloir faire 2 incisions dans le cuir de vos souliers, l'important est de repérer à l'avance la place du nœud avant de couper. On plie ensuite le morceau de cuir et on forme 2 incisions verticales à 5mm l'une de l'autre, ces incisions ne doivent pas dépasser quelques mm (de 5 à 8 mm). Si elles sont trop longues, le nœud ne tiendra pas et n'aura pas une jolie forme.

Vous devrez avoir du mal à faire passer le rectangle de cuir dans cette coulisse, cette étape demande de la patience, mais le résultat en vaut la peine : il suffira de travailler la forme du nœud avec les doigts et on obtiendra un joli nœud avec de la tenue, sans utiliser de colle et sans couture.

Le nœud double

Pour faire un nœud double, je découpe 2 rectangles, l'un plus plus petit que l'autre et je les superpose, je procède ensuite de la même façon que pour le nœud simple. Les incisions seront, cette fois, une peu plus longues mais ne dépasseront pas le cm.

Le nœud à boucles

Le nœud à boucles est un simple jeu de superposition et de collage. Afin de préparer le nœud, il faut d'abord découper le cuir avec soin, pliez, ensuite, le « rectangle » de façon à former une bague et collez les deux extrémités en les superposant.

Superposez, ensuite, ce rectangle à la seconde partie en veillant à bien le mettre au centre (on peut mettre un point de colle entre les 2 parties afin d'assurer davantage de tenue). Il faut maintenant préparer une petite bande de cuir d'environ 5 cm de long et de 0,5 à 0,7 cm de large.

Afin de fixer le nœud sur les chaussons, préparez les incisions (0,7 cm d'intervalle) qui seront horizontales, cette fois, et ne dépasseront pas 0,8 mm (afin de s'adapter à la largeur de la bandelette du nœud).

Il faut ensuite insérer cette bandelette dans les incisions et passer les 2 parties du nœud, puis resserrer à l'arrière la bandelette en collant les extrémités après avoir découpé le surplus.

LES NŒUDS SIMPLES

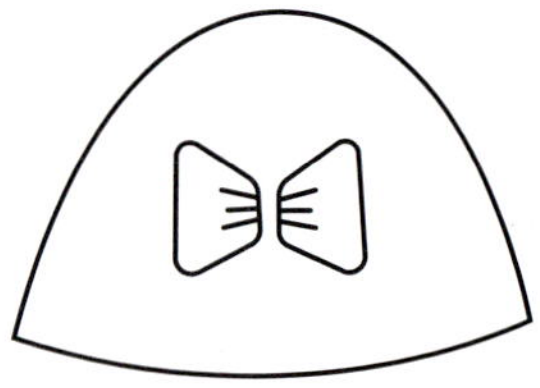

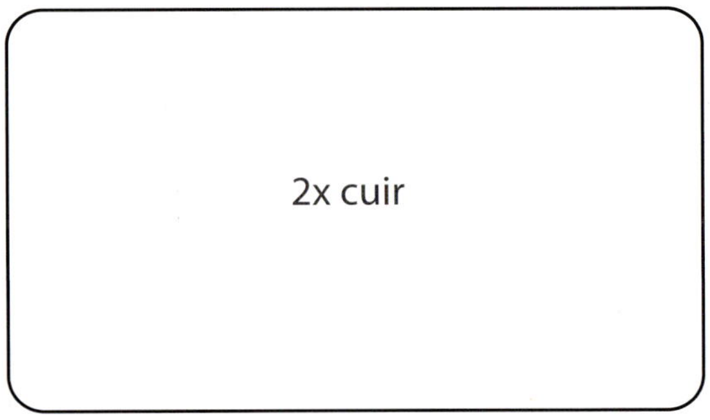

Découpez 2 rectangles dans le cuir.
Adaptez la taille du rectangle à la pointure
et à la place choisie pour le nœud

LES NŒUDS À BOUCLES

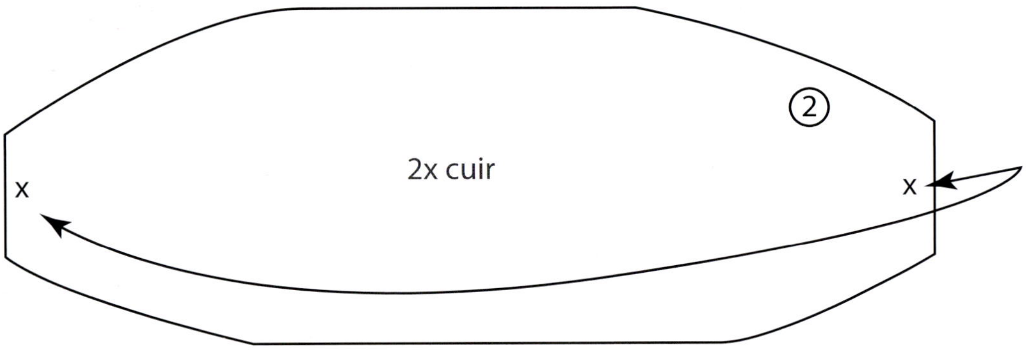

Collez

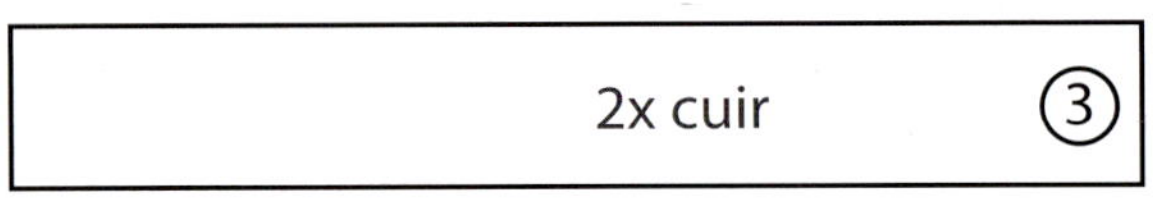

Bande pour serrer le nœud

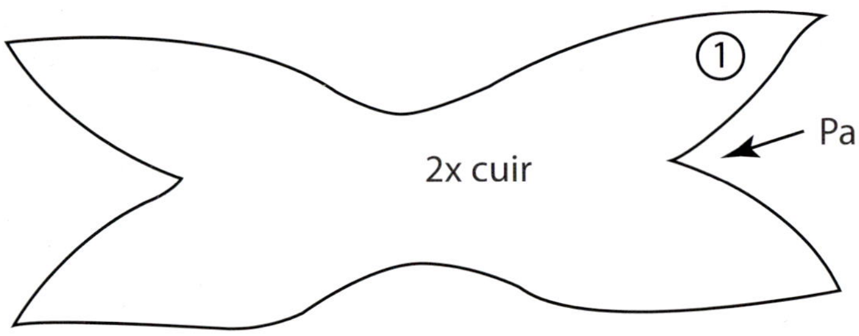

Pans du nœud